Uwe Uhlendorff
Methoden Sozialpädagogischen Fallverstehens in der Sozialen Arbeit

Uwe Uhlendorff

Methoden Sozialpädagogischen Fallverstehens in der Sozialen Arbeit

Ein Grundkurs

BELTZ JUVENTA

Der Autor

Uwe Uhlendorff ist seit 2004 Professor für Sozialpädagogik mit dem Schwerpunkt Fachdidaktik der Sozialpädagogik an der Technischen Universität Dortmund. Zu seinen Lehr- und Forschungsschwerpunkten zählen Familienforschung, Geschichte der Jugendhilfe, Sozialpädagogische Diagnostik, Inklusion und Fachdidaktik in der Lehrer*innenausbildung im Fach Sozialpädagogik.

MIX
Papier | Fördert gute Waldnutzung
FSC® C089473

Dieses Buch ist erhältlich als:
ISBN 978-3-7799-6766-8 Print
ISBN 978-3-7799-6767-5 E-Book (PDF)

1. Auflage 2022

Herstellung: Ulrike Poppel
Satz: text plus form, Dresden
Druck und Bindung: Beltz Grafische Betriebe, Bad Langensalza
Beltz Grafische Betriebe ist ein klimaneutrales Unternehmen (ID 15985-2104-100)
Printed in Germany

Weitere Informationen zu unseren Autor_innen und Titeln finden Sie unter: www.beltz.de

Inhalt

Einleitung

Voraussetzung für eine erfolgreiche Soziale Arbeit ist das professionelle Handeln von sozialpädagogischen Fachkräften. Es beginnt mit dem Fallverstehen im Sinne einer gründlichen Deutung der Lebenssituation der Klient*innen als Grundlage für die Entwicklung von Zielen, Handlungs- und Hilfeplänen. Sozialpädagogisches Fallverstehen umfasst eine gemeinsame Einschätzung der Probleme, mit denen sie konfrontiert sind, und mögliche Ressourcen. Der Terminus Fallverstehen könnte suggerieren, dass professionelle Helfer*innen Eltern, Kinder oder Jugendliche *zu einem Fall machen,* das heißt zu einem Gegenstand, einem Objekt, dessen Eigenschaften man analysiert und zu verändern sucht. Man könnte meinen, Fallverstehen bedeutet folgendes: Eltern, Kinder oder Jugendliche suchen sozialpädagogische Fachkräfte zum Beispiel in einer Beratungsstelle auf, oder werden von anderen Fachkräften dorthin geschickt, beispielweise von Lehrer*innen oder Erzieher*innen von Kindertageseinrichtungen. Hier angekommen müssen sie sich wie Patient*innen in einer Fachklinik einer Art Diagnoseprozedur unterziehen und sich auf eine Behandlung einlassen, die auf einer bestimmten Indikation beruht. Falls Sie ein solches Verständnis von Fallverstehen und im weitesten Sinne von Sozialer Arbeit haben, dann können Sie sich mithilfe dieses Studienheftes davon verabschieden. Spätestens seit der Einführung des Kinder- und Jugendhilfegesetzes (juristisch korrekt heißt es Sozialgesetzbuch Buch VIII, abgekürzt SGB VIII) im Jahr 1990 und der Realisierung von modernen Konzepten Sozialer Arbeit, wie die Lebensweltorientierung (Grunwald & Thiersch 2004), besteht ein wesentliches Ziel der Jugendhilfe darin, Eltern, Jugendliche und Kinder zu aktivieren, (wieder) selbst ihre Probleme zu lösen. Das besagte Gesetz bekräftigt dies, zum Beispiel indem es Eltern die Mitwirkung bei der Erstellung von Hilfeplänen einräumt (§ 36 SGB VIII).

Warum wird dennoch in der Fachsprache der Terminus *Fallverstehen* verwendet? Was ist mit *Fall* gemeint? Die Antwort lautet: Sozialpädagogisches Fallverstehen heißt zu ergründen, *was der Fall ist:* das heißt mit den Betroffen *gemeinsam zu klären, wer welche Probleme hat – und mit wem.* Wenn zum Beispiel ein Vater in eine Beratungsstelle des Jugendamts kommt und berichtet, die Leiterin der Kindertagesstätte hätte ihn geschickt, weil sich seine Tochter aggressiv gegenüber den Erzieher*innen verhalte, muss das nicht unbedingt heißen, dass das Mädchen grundsätzlich ein problematisches Verhalten hat. In den Gesprächen zwischen den Fachkräften (des Jugendamts und der KiTa) könnte sich herausstellen, dass das Mädchen ihren Erzieher*innen Probleme bereitet, weil sie sich nicht gemäß ihren Erwartungen verhält. Das betreffende Mädchen ist ebenfalls enttäuscht, weil ihre Bedürfnisse nicht erfüllt werden. Im Gespräch mit ihr und dem Vater könnte sich herausstellen, dass beide verärgert sind, dass die Betreuer*innen ihr eine Plastikpistole, die sie erst kürzlich von ihren Vater zum Geburtstag bekommen hat, weggenommen und ihr anschließend auch verboten haben, mit Legosteinen ein Gewehr nachzubilden. Aus Sicht der Tochter und des Vaters bereiten die Erzieher*innen ihnen ein Problem, weil sie in der KiTa bestimmte Spiele verbieten, die sie gern mag und die der Vater unterstützt. Letzterem ist in der Erziehung wichtig, dass auch Mädchen und nicht nur Jungen mit Plastikpistolen spielen dürfen, solange sie andere nicht ernsthaft bedrohen. Die Fachkräfte der KiTa haben das Problem, dass sie das Konzept einer „gewaltfreien KiTa" nicht so umsetzen können, wie sie es möchten. Vielleicht stellen sie auch untergründig geschlechtsspezifische Verhaltenserwartungen an die Kinder, die das Mädchen nicht erfüllt. Basierend auf den Gesprächen könnten die beteiligten Fachkräfte der Beratungsstelle den beteiligten Akteuren anbieten, gemeinsam einen Weg zu finden, wie das Mädchen ihre Spielbedürfnisse ausleben kann, und zu klären, ob und in welchem Maß die Toleranzgrenzen des KiTa-Personals erweitert werden könnten, ohne das Konzept gewaltfreier Erziehung zu gefährden. Vielleicht bedarf es zusätzlich auch einer Team-Reflexion im Hinblick auf genderspezifische Vorstellungen in der Erziehung in KiTas. Das Beispiel zeigt, dass wir es in der Praxis der Sozialen Arbeit mit komplexen Situationen zu tun haben, in denen zum Teil unterschiedliche

Erwartungen und Konzepte unter den beteiligten Personen aufeinandertreffen können, die wiederum zu Missverständnissen und sogar zu spezifischen Zuschreibungen führen können („das Kind hat eine Verhaltensstörung“). Sozialpädagogisches Fallverstehen trägt dazu bei, mit den Beteiligten die Situationen in ihrer Komplexität auszuloten und Lösungsperspektiven zu entwickeln, die für alle mehr oder weniger akzeptabel sind.

In diesem Sinne lauten die zentralen Fragestellungen dieses Bandes: *Was heißt Sozialpädagogisches Fallverstehen? Wodurch unterscheidet es sich von „nichtprofessionellen Verstehens-Prozeduren“ und von denen anderer Professionen? Welche Methoden gibt es dafür?* Das Buch gibt Ihnen eine Antwort auf diese Fragestellung und ermöglicht es Ihnen, sich Handlungsansätze, das sind Methoden des Sozialpädagogischen Fallverstehens, anzueignen.

Bei dem Buch handelt es sich um eine erweiterte Fassung des Studienheftes „Sozialpädagogisches Fallverstehen und Handlungsansätze in der Sozialen Arbeit“, das ich für die Europäische Fernhochschule Hamburg verfasst habe.

Verwendungshinweise

Um die Nutzung dieses Bandes zu erleichtern, wird bewusst auf ein bestimmtes grafisches Schemata zurückgegriffen. Es werden Icons verwendet, die an das Alphabet der Deutschen Gebärdensprache angelehnt sind:

Unter **D** wie „Definition“ finden Sie die zentralen Definitionen, die für das Verständnis der behandelten Themen essenziell sind.

D

Unter **H** wie „Hinweis“ finden Sie wertvolle Anregungen und Hinweise für die praktische Umsetzung.

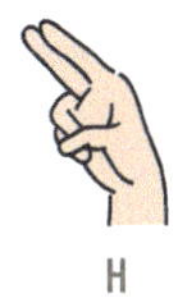

H

K

Unter **K** wie „Können“ finden Sie die wesentlichen (Lern-)Ziele der Themenschwerpunkte im Überblick.

R

Unter **R** wie „Regel“ werden verschiedene Grundregeln zusammengefasst, die für die Methoden des Sozialpädagogischen Fallverstehens wegweisend sind.

1 Sozialpädagogisches Fallverstehen im Allgemeinen, das fragend-erörternde sozialpädagogische Gespräch im Besonderen und das leidige Thema „Dokumentation“

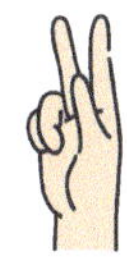

K

Nachdem Sie dieses Kapitel gründlich durchgearbeitet und die Aufgaben und die Übung gemeistert haben, können Sie anhand von bestimmten Merkmalen bestimmen, was „Sozialpädagogisches Fallverstehen“ heißt und wodurch es sich von anderen nichtprofessionellen Formen des zwischenmenschlichen Verstehens unterscheidet. Sie kennen die Grundregeln eines Erstgesprächs mit Adressat*innen der Sozialen Arbeit. Sie lernen einen ersten Handlungsansatz der Sozialen Arbeit – „das fragend-erörternde sozialpädagogische Gespräch“ – kennen und sind in der Lage, es in Ansätzen durchzuführen sowie zu dokumentieren.

1.1 Was heißt Sozialpädagogisches Fallverstehen? Ein Erstgespräch in einer Beratungsstelle

Um diese Frage besser beantworten zu können, beginnen wir mit einem Fallbeispiel: Stellen Sie sich vor, Sie sind Praktikant*in in einer Beratungsstelle, die in einem Familienzentrum angesiedelt ist, und wohnen einem Beratungsgespräch bei (Beispiel 1.1). Was sich zwischen der Klientin Frau Argican und der Fachkraft Frau Walther abspielt, nennt man in der Fachsprache Sozialpädagogisches Fallverstehen, Multiperspektivische Fallarbeit oder auch Sozialpädagogisches Können (Müller 1993). Mit dem Sozialpädagogen Burkhard Müller gesprochen, heißt Sozialpädagogisches Fallverstehen zu klären: *Wer hat welche Probleme und was ist aus fachlicher Sicht zu tun?*

> „Erst wenn dieses Verhältnis der Probleme Beteiligter zueinander einigermaßen geklärt ist, kann genauer bestimmt werden bzw. ausgehandelt werden, welche dieser Probleme wie zu lösen sind.“ (Müller 1993, S. 90 f.)

Sozialpädagogisches Fallverstehen findet, wie jedes Handeln zwischen Personen, nicht im luftleeren Raum statt, sondern ist eingebettet in bestimmte Kontexte, die die Handlungsabsichten der beteiligten Personen strukturieren, so wie hier im Beratungsgespräch. Wenn Sie das Beispiel gründlich gelesen haben, werden sich Ihnen leicht die Merkmale erschließen, die Sozialpädagogisches Fallverstehen kennzeichnen und durch die es sich von anderen Formen des zwischenmenschlichen Verstehens unterscheidet: beispielsweise ein Gespräch zwischen zwei Freunden, in dem der eine den anderen um Rat hinsichtlich seiner Probleme mit seiner Partnerin bittet. Es handelt sich um die Merkmale „professioneller Kontext“, „asymmetrische Beziehungsstruktur“, „Erwartungskontext“, „Methodenkontext“ und „Zielkontext“. Ich will diese Merkmale im Folgenden anhand des Beratungsgesprächs (Beispiel 1.1) näher erläutern.

Beispiel 1.1 Frau Argican bittet um ein Gespräch in einer Erziehungsberatungsstelle

Frau Argican hat sich in einer Erziehungsberatungsstelle des Jugendamtes, die in einem Familienzentrum angesiedelt ist, zu einem Beratungsgespräch angemeldet. Sie bekommt einen Termin bei der Sozialpädagogin Frau Walther. Frau Argican wird von Frau Walther (und dem*der Praktikant*in) im Beratungszimmer freundlich empfangen. Nachdem sich alle kurz vorgestellt haben, fragt Frau Walther nach dem Grund ihres Aufsuchens der Beratungsstelle. Frau Argican erläutert sogleich, warum sie in die Beratungsstelle gekommen sei. Sie und ihr Mann haben drei gemeinsame Kinder (einen Sohn und zwei Töchter). Die beiden Ältesten, Murat (19 Jahre) und Melina (16 Jahre), besuchen das Käthe-Kollwitz-Gymnasium, die Jüngste, Fatma (5 Jahre), werde gerade eingeschult. Seit einiger Zeit streite sie sich oft mit Melina. Hauptsächlich gehe es darum, dass Melina abends zu spät nach Hause komme. Sie solle eigentlich um 19:00 Uhr zu Hause sein. Oft sei sie aber erst um 22:00 Uhr zurück. In der letzten Zeit habe Frau Argican ihre Tochter mit Stubenarrest bestraft. Den habe Melina allerdings oft nicht eingehalten. Das sei wieder Grund zum Streiten gewesen. Melina habe manchmal starke Wutausbrüche, vor ein paar Tagen habe sie eine wertvolle Vase gegen die Wand geworfen. Frau Walther fragt, ob es im Verlauf der Streitigkeiten auch zu körperlichen Auseinandersetzungen zwischen ihr und ihrer Tochter komme bzw. zwischen der Tochter und anderen Personen und ob ihre Tochter körperlich bestraft werde. Frau Argican verneint dies nachdrücklich. Frau Walther fragt Frau Argican, warum sich Melina vermutlich nicht an die Ausgehzeiten halte. Frau Argican antwortet darauf, dass sich Melina abends mit anderen Jugendlichen treffe und nicht einsehe, dass sie so früh nach Hause müsse, denn sie würde dadurch, so Melina, vieles verpassen. Ihre Freunde seien ihr sehr wichtig. Frau Walther stellt daraufhin die Frage, warum Melina um 19:00 Uhr zu Hause sein solle. Frau Argican gibt zu verstehen, dass die Familie um 19 Uhr gemeinsam esse und dass es ihr wichtig sei, dass alle zusammen am Tisch sitzen. Frau Walther fragt daraufhin, wie es Frau Argican ergehe, wenn ihre Tochter um 21:30 Uhr noch nicht zurück sei. Nach längerem Zögern antwortet Frau Argican, dass sie sich Sorgen mache, dass Melina Drogen nehmen und zu früh mit Jungen „rummachen“ könnte. Sie habe große Bedenken, dass Melina abrutschen und in der Schule versage könne. Sie liebe ihre Tochter sehr und habe Angst, sie zu verlieren. Nach einer kurzen Pause fragt Frau Walther, ob sie dies Melina auch schon mal so oder so ähnlich gesagt habe. Frau Argican verneint dies und bricht nach kurzem Schweigen in Tränen aus. Frau Walther reicht Frau Argican ein Taschentuch und ein Glas Wasser. Sie lässt ihrer Gesprächspartnerin Zeit. Dann setzt sie das Gespräch fort.

„Ich kann verstehen, dass Sie sich Sorgen machen, schließlich sind Sie ihre Mutter. Denken Sie, dass Ihre Sorgen berechtigt sind?“ Frau Argican gibt zu verstehen, dass sie nicht wisse, was Melina mit ihren Freunden abends mache. Frau Walther: „Haben Sie das schon mal ihre Tochter gefragt?“ Frau Argican verneint dies. Frau Walther setzt das Gespräch fort: „Frau Argican, ich möchte Ihnen gern in meinen Worten sagen, wie ich Ihre Situation verstanden habe. Sie sind eine sehr verantwortungsvolle Mutter und tun alles, damit sich ihre Tochter gut entwickelt. Ihnen ist es wichtig, dass Melina um 19:00 Uhr zu Hause ist und am Familienleben teilnimmt. Außerdem machen Sie sich Sorgen, dass Melina auf die schiefe Bahn geraten könnte. Melina möchte mit ihren Freundinnen abends zusammen sein, da ihr die Freundschaften wichtig sind, und hält sich nicht an die Regeln. Das ist Anlass zu häufigem Streit. Allerdings haben Sie Ihrer Tochter in solchen Situationen noch nie gesagt, dass Sie sich Sorgen um sie machen und sie ihre Tochter nicht verlieren möchten. Außerdem haben Sie ihre Tochter auch nicht gefragt, was sie mit ihren Freunden abends unternimmt. Habe ich Sie richtig verstanden?“ Frau Argican seufzt und sagt: „So würde ich das auch sagen.“ Frau Walther fragt: „Würde es die Situation zwischen Ihnen und Ihrer Tochter verbessern, wenn Sie ein Gespräch mit ihr führen und ihr sagen, was Sie mir soeben erzählt haben, dass Sie sich Sorgen um sie machen und dass sie Melina fragen, was sie mit Ihren Freunden unternimmt und was ihr dabei wichtig ist?“ Frau Argican sagt fast im Flüsterton: „Ja, ich weiß, aber nicht wie.“ Frau Walther überlegt eine Weile, dann sagt sie: „Frau Argican, ich glaube, dass Sie das können. Ich bin jetzt einfach mal Ihre Tochter. Es ist Sonntag, sie beide sind entspannt und sitzen im Zimmer von Melina, die anderen Familienmitglieder sind beschäftigt. Wenn Sie möchten, können Sie mir das sagen und fragen, was wir soeben besprochen haben.“ Frau Argican ist sichtlich überrascht, sie ist den Tränen nahe „… ich kann nicht …“ Frau Walther: „Ich glaube, Sie sind eine starke Mutter und … ich glaube Sie können das sehr gut, probieren Sie es doch mal aus!“ Dann lässt sie sich auf das Rollenspiel ein. Am Ende des Rollenspiels fragt Frau Walther, wie es nun Frau Argican gehe. Sie gibt zu verstehen, dass sie erleichtert sei und das mal ausprobieren möchte. Frau Walther sagt zum Schluss, dass sie überzeugt davon sei, dass Frau Argican die Kraft dazu habe und wenn sie wolle, könne sie einen neuen Termin bekommen. Frau Argican erwidert, dass sie sich melden werde, wenn sich die Situation nicht verbessere. Frau Walther gibt zu verstehen, dass sie jederzeit wieder – auch kurzfristig – in die Beratung kommen könne, auch Melina sei willkommen. Die Beteiligten verabschieden sich. In dem Nachbereitungsgespräch mit dem*der Praktikant*in erläutert Frau Walther ihre fachliche Einschätzung des Problems. Aus ihrer Sicht habe sowohl die Mutter als auch ihre Tochter die Schwierigkeit, die Perspektive des jeweils anderen zu verstehen aber auch ihre zwischenmenschlichen Gefühle und Erwartungen mitzuteilen. Eine Kindes- bzw. Jugendwohlgefährdung ließe sich aus den Äußerungen der Mutter nicht erschließen, „... ich will aber dennoch vorsichtshalber bei der Schule nachhaken, ob die Sorgen der Mutter berechtigt sind, da gibt's 'ne sehr nette Schulsozialarbeiterin." Anschließend verfasst sie gemeinsam mit dem*der Praktikant*in ein Gesprächsprotokoll.

Im Unterschied zu einem Rat unter Freund*innen haben wir es bei dem Beratungsgespräch und im übergeordneten Sinne beim Sozialpädagogischen Fallverstehen mit einem *professionellen Kontext* zu tun: Sozialpädagogisches Fallverstehen ist eine soziale Dienstleistung, die in erster Linie im Rahmen der Kinder- und Jugendhilfe von freien und öffentlichen Trägern erbracht wird, wie hier in Form einer Beratung in der Beratungsstelle des Jugendamts. Ein wesentliches Kennzeichen ist, dass es mindestens von einer ausgewiesenen Fachkraft moderiert wird. Sozialpädagogisches Fallverstehen ist an keinen spezifischen Ort gebunden. Es findet sowohl in Räumen einer Beratungsstelle im Jugendamt, eines freien Trägers als auch in den privaten Räumen einer Familie (z. B. bei ambulanten Betreuungsformen wie der Sozialpädagogischen Familienhilfe), im Bahnhof im Rahmen von Straßensozialarbeit oder im Park während einer Pandemie statt. Dabei kann unter Umständen auch auf videobasierte Kommunikationsformen zurückgegriffen werden, wie es auch während der Corona-Pandemie praktiziert wurde.

Ein weiteres Kennzeichen für eine professionellen Handlungssituation zwischen Sozialpädagog*innen und Klient*innen ist der *asym-*

metrische Beziehungskontext. Es ist für Außenstehende (wie z. B. dem*der Praktikant*in) erkennbar, dass es sich bei dem Gespräch zwischen Frau Walther und Frau Argican nicht um eine alltägliche Konversation handelt, wie zum Beispiel bei einem Treffen zweier Freundinnen, die sich über ihre Urlaubspläne austauschen. Die beiden Gesprächspartnerinnen nehmen unterschiedliche soziale Rollen ein. Frau Walther stellt Frau Argican sehr persönliche Fragen zu ihrer Beziehung zur Tochter Melina, die von ihr bereitwillig beantwortet werden. Es wäre auch umgekehrt denkbar, dass Frau Argican intime Fragen an Frau Walther richtet, zum Beispiel ob sie in ihrer Partnerschaft glücklich sei. Frau Argican zieht dies aber nicht in Betracht, sondern fügt sich in eine bestimmte Interaktions- und Erwartungsstruktur, die durch die Institution „Beratungsstelle" vorgegeben wird: Die Fachkraft stellt bestimmte Fragen, die von dem*der Besucher*in beantwortet werden, beispielsweise zur Familiensituation, Schulsituation usw. Der*die Klient*in darf ebenfalls Fragen stellen, die sich auf mögliche Hilfen beziehen.

Mit dem Aufsuchen einer Beratungsstelle ist automatisch eine soziale Situation vorgegeben, die durch einen bestimmten *Erwartungskontext* strukturiert wird. Der*die Besucher*in (auch Klient*in genannt) verfolgt eine Absicht und hat bestimmte Erwartungen. Er oder sie sucht Hilfe (einen Ratschlag oder eine Klärung) bei einem*einer Expert*in (Sozialarbeiter*in, Sozialpädagog*in, Psycholog*in). Auch die Fachkraft hat Erwartungen an die Klient*innen, zum Beispiel dass sie sich an bestimmte Regeln halten, aber auch an sich selbst, nämlich – im Sinne professionellen Handelns – Eltern, Kinder und Jugendliche zu unterstützen, eine schwierige Lebenssituation zu verbessern.

Hierfür wendet sie bestimmte Konzepte bzw. Methoden sozialpädagogischen Handelns an. Beratung und mithin Sozialpädagogisches Fallverstehen ist in einen *Methodenkontext* eingebettet. Die Fachkräfte der Beratungsstelle stehen vor der Aufgabe, gemeinsam mit den Klient*innen zu klären, ob – und wenn ja – was es für ein Problem gibt, wer für die Problemlösung zuständig ist und was als Erstes zu tun ist. Sie bedienen sich dabei professioneller Methoden und Techniken, zum Beispiel einer bestimmten Gesprächsführung: Frau Walther ermuntert

Frau Argican durch eine offene Eingangsfrage („Was führt Sie in die Beratungsstelle des Jugendamtes?"), das Problem aus ihrer eigenen Sicht zu beschreiben.

Die angewandten Methoden wiederum unterliegen einem *Zielkontext.* Dieser ist durch die ko-konstruktivistische Herstellung einer gemeinsamen Situationsdefinition und eines Arbeitsbündnisses gekennzeichnet. Die Moderation des Gesprächs durch die Fachkraft zielt darauf ab, gemeinsam (ko-konstruktiv) mit den Eltern, Kindern oder Jugendlichen Hilfen zu entwickeln, die die Familienmitglieder dabei unterstützen, ihren Lebensalltag zu bewältigen und/oder ihre Konflikte und sozialen Probleme zu lösen. Nach der Interaktionstheorie (Mollenhauer 1972) ist das Gelingen zwischenmenschlichen Handelns davon abhängig, ob die an der Interaktion beteiligten Personen von derselben Situationsdefinition ausgehen und einen Konsens über gemeinsame Handlungsziele herbeiführen. Es muss also den Beteiligten gelingen, die Selbsteinschätzungen der Familienmitglieder und die Fremdeinschätzung der Profis im Hinblick auf die Familiensituation zusammenzuführen. In der Fachsprache nennt man das: Die Beteiligten einigen sich auf eine „gemeinsame Situationsdefinition". Das bedeutet nicht, dass alle der gleichen Meinung sind, sondern die Beteiligten wissen, wie sie selbst und wie die anderen die Familiensituation sehen; sie wissen, wer welche Einschätzung mit wem teilt und wo es Unterschiede gibt. Im Ergebnis haben alle das gleiche Bild von Schnitt- und Teilmengen vor Augen. Der Verlauf des oben beschriebenen Beratungsgesprächs lässt darauf schließen, dass Frau Walther und Frau Argican von derselben Situationsdefinition ausgehen: Die Situation ist definiert als ein Beratungsgespräch im Jugendamt mit einer klaren Rollenaufteilung. Aber die Situationsdefinition muss noch weiter ausgedehnt werden, um zu weiterführenden Handlungen zu kommen: Die Frage lautet: „Wer hat welche Probleme und mit wem?"

Frau Walther stellt gezielt Fragen, hört aufmerksam zu und versucht, anhand der Aussagen von Frau Argican und auch möglichst dicht an die Sprache der Klientin angelehnt, die Probleme zusammenzufassen – sowohl aus der Sicht von Frau Argican als auch aus der Perspektive ihrer Tochter. Das Beratungsgespräch führt auch zu einem Arbeitsbündnis zwischen der Fachkraft und der Klientin: Frau Walther gelingt es, Frau Argican so zu aktivieren, dass sie sich für die Lösung des Problems selbst verantwortlich fühlt. Sie lässt sich auf das von der Sozialpädagogin vorgeschlagene Rollenspiel ein. Ein zentrales Kriterium für Sozialpädagogisches Fallverstehen ist somit ein ko-konstruktivistischer Prozess zwischen Fachkraft und Klient*in: Sie stellen in der Interaktion *gemeinsam* eine Problemdefinition und einen Lösungsweg her.

Definition 1.1

Sozialpädagogisches Fallverstehen ist ein ko-konstruktivistischer methodengeleiteter Prozess, der sich zwischen ausgebildeten Fachkräften und Klient*innen abspielt. Er zielt darauf ab, gemeinsam zu klären: „Wer hat welche Probleme und mit wem?“ Außerdem sollen Lösungswege entwickelt werden, wie diese kurz- oder langfristig bewältigt werden können. Dabei wird in Betracht gezogen, wer was zur Problemlösung beitragen kann.

Definition 1.2

Für das Sozialpädagogische Fallverstehen in der Sozialen Arbeit mit Familien werden unterschiedliche Handlungsansätze von dafür ausgebildeten Fachkräften verwendet. Ein Handlungsansatz ist eine Methode im Sinne eines professionellen, zielgerichteten und detaillierten Handlungsplans bzw. einer bestimmten Vorgehensweise, um ein bestimmtes Ziel zu erreichen. Handlungsansätze oder Methoden der Sozialen Arbeit sind mehr oder weniger standardisierte Handlungsmuster von sozialpädagogischen Fachkräften.

1.2 Exkurs: Wissenswertes über Konzepte, Methoden sowie Techniken und warum diese als wichtig für den Beruf erachtet werden

Das, was ich Ihnen in diesem Buch vermitteln möchte, ist ein Konzept, das Sozialpädagogisches Fallverstehen genannt wird. Sie werden sich sicherlich fragen: „Was ist ein Konzept und was sind demgegenüber Methoden?“ Unter *Konzept* versteht man innerhalb des Fachdiskurses im Allgemeinen einen umfassenden Handlungsplan, der Praxisziele, Arbeitsinhalte und die dafür benötigten Methoden in einen sinnhaften Zusammenhang stellt (Geißler & Hege 1995, S. 23). Konzepte basieren auf wissenschaftlichen Theorien, empirischer Forschung, aber auch auf Alltagswissen. *Methoden* sind unverzichtbare Bestandteile von Konzepten. Beides, Konzepte und Methoden, sind konstitutive Elemente von Berufen in der Moderne mit dem Ziel, eine erfolgreiche Praxis zu ermöglichen (vgl. hierzu und im Folgenden Uhlendorff, Euteneuer & Sabla 2012). Mit dem Verständnis von Beruf ist die gesellschaftliche Vorstellung verbunden, dass eine bestimmte Gruppe von Personen aufgrund einer Ausbildung und einer institutionell verliehenen Berechtigung (Meister- oder Gesellenbrief, Diplom, B. A.- oder M. A.-Abschluss etc.) über eigene und besonders wirksame Problemlösungsstrategien für bestimmte Fragestellungen verfügt. Oft ist rechtlich vorgeschrieben, dass nur Personen, die im Rahmen einer Ausbildung spezifisches Berufswissen erworben haben, diese Tätigkeiten ausüben dürfen. Mit dem Berufszertifikat kann sich die Berufsgruppe gegen die Konkurrenz von Laien schützen (Galuske 2011). Die Akteure, die zur Herausbildung der Sozialen Arbeit als ein staatlich anerkannter Beruf im 20. Jahrhundert beitrugen, haben sich deshalb der Entwicklung von Konzepten und Methoden verpflichtet. Eine erste umfangreiche Methode innerhalb der Sozialarbeit in Deutschland lieferte Alice Salomon, eine der Hauptakteurinnen beim Aufbau von Ausbildungsstätten Sozialer Arbeit während der ersten drei Jahrzehnte des 20. Jahrhunderts, mit dem Buch „Soziale Diagnose“ in den 1920er Jahren (Uhlendorff 2003).

Dennoch war in der Geschichte der Sozialen Arbeit unter Wissenschaftler*innen der Begriff und der Gebrauch von Methoden umstritten: Einige lehnten standardisierte Methoden ab, andere nicht, manche waren skeptisch im Hinblick auf deren Nützlichkeit, wieder andere beklagten das Fehlen von Methoden als ein wesentliches Defizit innerhalb der Geschichte der Sozialen Arbeit (Galuske 2011, S. 931 f.). Brigitta Michel-Schwartze (2009, S. 11 f.) beschreibt sehr einleuchtend die Hürden, welche Wissenschaftler*innen lange von der Auseinandersetzung mit Methoden der Sozialen Arbeit abgehalten haben. Erst seit den 1990er Jahren hat sich die Wissenschaftsdisziplin eingehend mit dem Thema Methoden befasst (Galuske 2011; Stimmer 2006; Spiegel 2011). Innerhalb der Sozialpädagogik als Wissenschaftsdisziplin als auch in der Praxis konnten zum Teil im Zusammenwirken von Forscher*innen und Praktiker*innen vielzählige Methoden entwickelt werden. Mittlerweile hat sich in der Sozialpädagogik als Wissenschaftsdisziplin ein Methodenbegriff entwickelt, der in breiten Kreisen Akzeptanz findet. Johannes Schilling zum Beispiel definiert Methoden als „erprobte, überlegte und übertragbare Vorgehensweisen zur Erledigung bestimmter Aufgaben und Zielvorgaben" (Schilling 1993, S. 66). Diese Vorgehensweisen, auch Handlungsansätze genannt, umfassen standardisierte Handlungsmuster, die vorrangig in Ausbildungskontexten eingeübt werden. Grundsätzlich wird die Übertragbarkeit und die Wiederholbarkeit der Verfahren in unterschiedlichen Situationen der Sozialen Arbeit vorausgesetzt.

- **Konzept** als Handlungsmodell, in welchem die Ziele, Inhalte, Methoden und Techniken in einen sinnvollen Zusammenhang gebracht werden – *Rechtfertigung von Zielen und Weg.*
- **Methode** als vorausgedachter Plan und Vorgehensweise – *Begründete Planung des Vorgehens.*
- **Techniken** als Antworten auf Detailprobleme im Lösungsweg – *Was kann wann und wie sinnvoll eingesetzt werden?*

Abb. 1.1: Konzepte, Methoden, Techniken (Uhlendorff, Euteneuer & Sabla 2012, S. 161)

Methoden dienen also dazu, bestimmte Ziele eines Konzeptes umzusetzen bzw. zu erreichen. Dies entspricht der ursprünglichen Bedeutung des Wortes „Methode". Der Begriff geht auf das altgriechische Wort méthodos (μέθοδος) zurück und setzt sich zusammen aus metá (μετά) – übersetzt „hinter, nach" – und hodós (ὁδός), was „der Weg" bedeutet. Zusammen heißt das: „Der Weg zu etwas hin". Frau Walther wählt als Methode das beratend-erörternde sozialpädagogische Gespräch (diese Methode wird im nächsten Kapitel erläutert).

Was kann man demgegenüber als *Techniken* verstehen? Methoden umfassen gleichsam einen Werkzeugkasten von Techniken. Sie sind unabdingbare Bestandteile von Methoden und weitaus weniger komplex, da sie auf eine spezifische Herausforderung im Rahmen des Vorgehens reagieren (Galuske 2011, S. 27 f.; Geißler & Hege 1995, S. 29 f.). Während der Beratung setzt Frau Walther bestimmte Gesprächstechniken ein, wie zum Beispiel die offene Eingangsfrage oder das Paraphrasieren („Frau Argican, ich möchte Ihnen gern in meinen Worten sagen, wie ich Ihre Situation verstanden habe: ..."). Es ließen sich noch weitere Beispiele für solche Techniken aufzählen (ich werde in den folgenden Kapiteln einige näher beschreiben, auch das Paraphrasieren).

Den Unterschied zwischen Konzept, Methode und Technik können Sie sich gut mithilfe der Metapher des Bergsteigens verdeutlichen. Ein Team von Bergsteiger*innen plant einen 9 000 Meter hohen Berg im Himalaya ohne Sauerstoffgeräte zu besteigen und dabei eine Route zu nehmen, die bisher noch unbekannt ist. Dies ist gleichsam ihr gemeinsames Konzept. Sie besorgen sich Luftbilder und Karten, beobachten die Bergtektonik und die Wetterbedingungen. Schließlich legen sie die genaue Route mit definierten Zwischenzielen fest und beginnen mit dem Aufstieg. Im übertragenen Sinne ist die gewählte Route die Methode, um das Ziel, den Gipfel, zu erreichen. Für den Auf- und Abstieg sind bestimmte Techniken erforderlich, wie zum Beispiel das Gehen mit Steigeisen und Pickel auf Eis. Übertragen auf das Beispiel der Beratungsstelle im Familienzentrum lässt sich die Unterscheidung von Konzept, Methode und Technik leicht erschließen (siehe hierzu das Beispiel 1.2 und die Übung dazu).

Beispiel 1.2 Familienberatung im Familienzentrum Heideblick (Infotext auf der Website und im Infoflyer – Ausschnitt)

„Wir begrüßen Sie gern in der Elternberatung in unserem Familienzentrum. Diese findet regelmäßig donnerstags von 9–12 Uhr und mittwochs von 16–18 Uhr statt. Eine Anmeldung ist nicht erforderlich. Wir beraten sie gern zu allen Fragen zur Erziehung, Ernährung, Gesundheit und Alltagsgestaltung. Wir stehen Ihnen insbesondere auch bei sehr persönlichen Problemen und Sorgen hilfreich zur Seite. Unser Ziel ist es, Ihnen im gemeinsamen Gespräch die Möglichkeit zu geben, Ihre Alltagsherausforderungen zu erläutern und mit unserer Unterstützung selbstständig Lösungen zu finden. Bitte erwarten Sie keine Patentlösungen von uns, Sie selbst sind Experte, Expertin als Eltern. Die Berater und Beraterinnen unterstützen Sie dabei durch Fragen oder Rollenspiele (die aber nicht verpflichtend sind), neue Perspektiven zu entwickeln als starke Eltern. Die Beratungsstelle steht allen Eltern offen, deren Kinder in unsere KiTa betreut werden oder wurden. Wir empfangen aber auch Väter oder Mütter (vorwiegend aus dem Stadtteil Heideviertel), deren Kinder bei uns nicht betreut werden. Weitere Informationen gibt ihnen gern die KiTa-Leiterin Frau Heidemarie Pfenningsdorf."

Übung 1.1

Bitte lesen Sie den Informationstext. In welchen Sätzen wird das Konzept der Beratungsstelle erläutert? Wo werden Methoden angedeutet? Wo werden Techniken benannt?[1]

Obwohl Methoden zum Beruf von Sozialpädagog*innen, Soziarbeiter*innen, Kindheitspädagog*innen und Erzieher*innen zählen, sind viele Vertreter*innen der Sozialen Arbeit ihnen gegenüber skeptisch,

1 Bearbeitungshinweise zu den Übungen finden Sie im Anhang B sowie als Online-Material auf www.beltz.de.

insbesondere im Hinblick auf zwei Aspekte (vgl. Uhlendorff, Euteneuer & Sabla 2012, S. 159).

- Zum einen wird kritisiert, dass eine ausschließliche Konzentration auf das „Wie" sozialpädagogischen Handelns ohne die gesellschaftlichen Kontexte zu reflektieren, dazu führen kann, dass Methoden zu „Manipulationstechniken" zur Veränderung von Personen oder sozialen Konstellationen missbraucht werden. Verantwortliches berufliches Handeln, so lässt sich daraus folgern, setzt die Reflexion von Sinn und Zweck von Methoden, deren Ziele, Kontext und Reichweite voraus, auch vor dem Hintergrund einer gesellschaftskritischen Parteinahme für die Adressat*innen der Sozialen Arbeit.
- Während die einen die Zweckentfremdung von Methoden im Sinne einer unkritischen gesellschaftlichen Anpassung von „abweichendem" Verhalten an gewünschte Verhaltensnormen befürchten, zweifeln andere Expert*innen grundsätzlich an der Wirksamkeit von Methoden, da nach ihrer Ansicht die Wiederholbarkeit und Übertragbarkeit der Verfahren in der Sozialen Arbeit nicht funktioniert. Ein wesentliches Argument dafür ist die hohe Komplexität und Unterschiedlichkeit von Lebenslagen und -situationen, die Wiederholungen im Sinne eines identischen Reproduzierens der Methode unmöglich machen. Denn der Einsatz von Methoden setze Typisierungen von Situationen voraus: Das heißt Sozialpädagog*innen ordnen einen individuellen Einzelfall einem Typ zu, um eine passende Lösung zu finden. Methoden, so Michel-Schwartze (2009, S. 12), „haben die Funktion Wiederholbarkeit zu konstruieren" und sie tun dies gewöhnlich über Typisierungen. Je enger und präziser die gewünschten Lösungswege sind, umso kleinräumiger sind auch die Typisierungen, von denen sie sich ableiten. Die Gefahr besteht darin, die Besonderheit des Falles zu übersehen. Allerdings ließe sich dem entgegenhalten, dass es Methoden gibt, die auf Typisierungen mehr oder weniger verzichten, weil sie in erster Linie darauf abzielen, die Selbstreflexionen von Eltern, Jugendlichen oder Kindern im Hinblick auf ihre Problemsicht und die Entwicklung

von Lösungswegen zu unterstützen (wie z. B. die Methode des fragend-erörternden sozialpädagogischen Gesprächs, das ich Ihnen im nächsten Kapitel erläutern werde). Hierbei können auch fachliche Einschätzungen einfließen, aber eher im Sinne von Kategorisierungen, im Sinne von „ein Fall für". Vorstellbar ist, dass Frau Argican ein weiteres Mal die Beratungsstelle aufsucht und von einem sehr belastenden Schuldenproblem ihrer Familie berichtet. Frau Walther wird dann mit Gewissheit sagen, dass die Beraterin in der Schuldnerberatungsstelle ihr dabei besser helfen kann und sie ihr gerne dort einen Termin verschaffen kann.

Im Hinblick auf eine ethisch verantwortbare professionelle Praxis schlage ich folgende Maximen vor, die sich aus dem Sozialgesetzbuch VIII (Kinder- und Jugendhilfegesetz) bzw. dem Kinder- und Jugendstärkungsgesetz (KJSG) ableiten lassen und die Sie in der Sozialen Arbeit beachten sollten.

Stärkung von Mitwirkung, Beteiligung und Teilhabe: Die Konzepte, Methoden und Techniken von sozialpädagogischen Fachkräften sollten die im Sozialgesetzbuch VIII eingeforderte Mitwirkung der Eltern, Kinder und Jugendlichen ermöglichen. Dies betrifft beispielsweise die Beteiligung der Sorgeberechtigten, Jugendlichen und Kinder bei der Hilfeplanung (§ 36 SGB VIII). Auch bei Feststellung von Kindeswohlgefährdung sollen Erziehungsberechtigte, Kinder oder Jugendliche in die Gefährdungseinschätzung einbezogen werden, soweit der wirksame Schutz der betreffenden Kinder und Jugendlichen nicht infrage gestellt wird (§ 8a Schutzauftrag bei Kindeswohlgefährdung). Ein Leitziel der Sozialen Arbeit ist die Hilfe zur Selbsthilfe, das heißt Eltern, Jugendliche und Kinder dabei zu fördern oder zu unterstützen, selbstständig Lösungswege zur Bewältigung ihrer Herausforderungen zu entwickeln, und sie dabei zu ermutigen, diese aktiv umzusetzen.

Ermöglichung von Inklusion – Heterogenität produktiv nutzen: Die Methoden und Techniken, die beim Sozialpädagogischen Fallverstehen angewendet werden, nehmen nicht nur Verschiedenheit (Heterogenität) ernst, sondern nutzen auch die Chancen, die die zahlreichen Dimensionen von Heterogenität bieten (z. B. Kultur, sexuelle Identität, biografische Erfahrungen, Alter und Lernvoraussetzungen). Sie respektieren die weltanschaulichen Auffassungen der Familien und auch deren Grundrichtung der Erziehung, soweit sie das Wohl des Kindes nicht gefährden. Sie unterstützen die wachsenden Fähigkeiten und Bedürfnisse von Kindern und Jugendlichen zu selbstständigem, verantwortungsbewusstem Handeln und berücksichtigen die jeweiligen besonderen sozialen und kulturellen Bedürfnisse von Kindern, Jugendlichen und deren Eltern. Die Methoden und Techniken des Sozialpädagogischen Fallverstehens nehmen die unterschiedlichen Lebenslagen von Mädchen und Jungen sowie transidenten, nichtbinären und intergeschlechtlichen jungen Menschen ernst und unterstützen sie dabei, Benachteiligungen abzubauen und die Gleichberechtigung der Geschlechter zu fördern. Darüber hinaus fördern sie die gleichberechtigte Teilnahme von jungen Menschen mit und ohne Behinderung und können helfen, Barrieren abzubauen (§ 9 Grundrichtung der Erziehung, Gleichberechtigung von jungen Menschen SGB VIII).

Resilienz von Kindern, Jugendlichen und Eltern fördern sowie Elternverantwortung im Sinne von Prävention vor Kindes- und Jugendwohlgefährdung stärken: Die Methoden und Techniken des Sozialpädagogischen Fallverstehens zielen unter anderem darauf ab, Kinder, Jugendliche und Eltern dabei zu unterstützen, Ressourcen zu mobilisieren, bei der Bewältigung von Lebensphasen bzw. Übergängen zu unterstützen, ihre Resilienz (Widerstandsfähigkeit) zu stärken und Kindessowie Jugendwohlgefährdung vorzubeugen. Sie unterstützen Mütter, Väter und andere Erziehungsberechtigte dabei, ihre Erziehungsverantwortung besser wahrzunehmen und Konfliktsituationen in der Familie gewaltfrei zu lösen (§ 16 Allgemeine Förderung der Erziehung in der Familie). Sie fördern die Fähigkeiten junger Menschen, sich vor gefährdenden Einflüssen zu schützen, Kritik und Entscheidungen zu fällen und Eigenverantwortung sowie Verantwortung gegenüber ihren Mitmenschen zu übernehmen (§ 14 Erzieherischer Kinder- und Jugendschutz).

Jugendliche bei der Persönlichkeitsentwicklung unterstützen: Die Konzepte und Methoden, die Sozialpädagog*innen in der Jugendarbeit anwenden, fördern junge Menschen bei der Entwicklung persönlicher Werthaltungen und dabei, eine Balance zwischen Autonomie und sozialer Mitverantwortung zu finden (§ 11 Jugendarbeit).

Die hier aufgezählten Maximen sollten nicht nur für das Sozialpädagogische Fallverstehen leitend sein, sondern für alle Konzepte, Methoden und Techniken innerhalb der Kinder- und Jugendhilfe. Sie bilden die Grundlage für eine professionelle Haltung gegenüber Eltern, Kindern und Jugendlichen. Allerdings geht die professionelle sozialpädagogische Haltung darin nicht auf, sie umfasst auch Mitgefühl, Ehrlichkeit, Engagement und Respekt gegenüber den Adressat*innen der Sozialen Arbeit. Ohne diese Haltung, insbesondere ohne die hier genannten persönlichen Eigenschaften, bleiben Konzepte, Methoden und Techniken wirkungslos. Ich werde im nächsten Kapitel noch weitere Aspekte der sozialpädagogischen Haltung erläutern.

Übung 1.2

Zum besseren Verständnis der Maximen empfehle ich Ihnen, die folgenden Paragrafen des SGB VIII (Kinder- und Jugendhilfegesetz) zu studieren (in der Reihenfolge der oben genannten Maximen):

§ 36 Mitwirkung, Hilfeplan
§ 8a Schutzauftrag bei Kindeswohlgefährdung
§ 9 Grundrichtung der Erziehung, Gleichberechtigung von jungen Menschen
§ 16 Allgemeine Förderung der Erziehung in der Familie
§ 14 Erzieherischer Kinder- und Jugendschutz
§ 11 Jugendarbeit

1.3 Das fragend-erörternde sozialpädagogische Gespräch. Eine Vätergruppe in der Familienfreizeit

Durch das Beispiel 1.1 haben Sie schon Bekanntschaft mit einer häufig verbreiteten Methode in der Sozialen Arbeit gemacht: dem fragend-erörternden sozialpädagogischen Gespräch. Es fällt unter die Kategorie Beratungsgespräch, für das ganz unterschiedliche Methoden verwendet werden. Professionell angeleitete Beratung findet in vielen Kontexten gesellschaftlichen Lebens statt, beim Kauf eines Autos in einem Autohaus, bei der Frage nach der richtigen Gesichtscreme im Rahmen einer Kosmetikberatung, in einem Baumarkt bei der Auswahl und Bedienung der richtigen Heckenschere oder im Hinblick auf lukrative Geschäfte bei der Kapitalanlagenberatung. Mittlerweile werden in fast allen beruflichen Ausbildungsgängen unterschiedliche Beratungsmethoden vermittelt und abgeprüft.

Im Folgenden werde ich Ihnen ein sozialpädagogisches Beratungsformat vorstellen. Es handelt sich dabei um das fragend-erörternde sozialpädagogische Gespräch (Mücher & Uhlendorff 2015) – sozialpädagogisch in dem Sinne, als hier die Fachkraft durch gezielte Fragen versucht, bei Kindern, Jugendlichen und Eltern Reflexionsprozesse anzuregen, die zu einer Lösung von Herausforderungen im eigenen Leben oder innerhalb der Familie und somit zu einer Veränderung bzw. Verbesserung von Lebenssituationen führen. Im Zentrum stehen dabei Konflikte oder Aufgaben in der Erziehung von Kindern und Jugendlichen, in der Partnerschaft oder bei der Bewältigung des Familienalltags, aber auch im Hinblick auf die eigene Lebensplanung (wie z. B. Berufsintegration von Eltern oder Jugendlichen). Auch sogenanntes „deviantes Verhalten“ kann Gegenstand solcher Gespräche sein, wie bestimmte Formen der Jugendkriminalität, Schulverweigerung, schädlicher Konsum von Drogen und Medienangeboten.

Definition 1.3
Unter Devianz versteht man Verhaltensformen, die von den gesellschaftlichen normativen Erwartungen abweichen und sanktioniert werden. Was als deviant gilt, ist gesellschaftlich definiert. Deviantes Verhalten, das in Deutschland sanktioniert wird, muss nicht unbedingt in anderen Ländern als abweichend gelten. Ein Beispiel hierfür ist der Konsum von Cannabisprodukten.

Das fragend-erörternde sozialpädagogische Gespräch kann in allen Kontexten der Kinder- und Jugendhilfe stattfinden: in der Erziehungsberatungsstelle, in ambulanten und stationären Angeboten von Hilfe zur Erziehung, in einem Jugendzentrum, in einer Kindertageseinrichtung oder im Rahmen von Familienbildungsangeboten, wie einem Café für Alleinerziehende, oder auf der Straße mit Jugendlichen im Zusammenhang mit Straßensozialarbeit. Im Folgenden sollen dessen Charakteristika herausgearbeitet werden.

Wie anhand des Fallbeispiels 1.1 unschwer zu erkennen ist, ist das fragend-erörternde sozialpädagogische Gespräch *problemzentriert*. Im Fokus steht ein Thema, eine Belastung oder Herausforderung, das bzw. die von den Eltern oder Jugendlichen selbst formuliert und von ihnen zu einem Gesprächsanlass mit einer*einem Sozialpädagog*in gemacht wird. Bei Frau Argican ist es der häufige Streit mit der Tochter, bei dem es vordergründig um die Ausgehzeiten geht. Sozialpädagog*innen können ihren Klient*innen auch Themen anbieten, von denen sie annehmen, dass die betreffenden Eltern oder Jugendlichen sich damit intensiv beschäftigen. Ein fragend-erörterndes sozialpädagogisches Gespräch kann in einem Eins-zu-eins-Setting oder in einem Gruppenkontext stattfinden wie das Beispiel 1.3 zeigt.

Beispiel 1.3 Familienfreizeit der AWO-Familienbildungsstätte
Frau Frindt und Herr Bukowski arbeiten für eine AWO-Familienbildungsstätte und leiten eine Familienfreizeit auf der Insel Fehmarn. An der Freizeit nehmen 25 Eltern mit Kleinkindern teil. Die meisten kennen sich aus den Elterngruppen, die der Träger regelmäßig an-

bietet. Viele, insbesondere die Väter, hatten nach der Geburt der Kinder keine Zeit mehr, zu den regelmäßigen Treffen in der Familienbildungsstätte zu kommen. Sie nehmen deshalb gern die Familienfreizeit wahr, um sich neben Freizeit- und Entspannungsangeboten auch über Familienthemen auszutauschen. Beide Sozialpädagogen*innen wissen aus Erfahrung, dass mit dem Übergang in die Elternschaft genderspezifische Konfliktthemen virulent werden. Deshalb bieten sie eine Väter- und eine Müttergruppe an. Herr Bukowski moderiert die Vätergruppe. Die Gruppe sitzt in einem Kreis und Herr Bukowski eröffnet das Gespräch mit den Fragen: „Was ist für mich der schönste Augenblick im Familienalltag? Was ist die größte Herausforderung für mich in meiner Rolle als Vater?“ Er bittet jeden Teilnehmer, kurz darauf zu antworten. Das Gespräch nimmt seinen Lauf: Viele Väter berichten von den Zu-Bett-geh-Ritualen oder dem gemeinsamen Kuscheln mit Kind und Partnerin am Sonntagmorgen im Bett als wichtige Höhepunkte in ihrem Leben als Vater. Als Herausforderung wird überwiegend der Stress genannt. Viele haben das Gefühl, in einem Hamsterrad zu laufen: Arbeiten, wenig Schlaf, keine Zeit für Partnerzeiten (und Sex) und Hobbies etc. Die Mehrheit der Väter hat einige (wenige) Monate Elternzeit genommen und befindet sich wieder im Vollzeitjob, während die Partnerinnen noch in Elternzeit sind. Herr Bukowski fragt, was sie daran so schlimm finden, dass sie weniger Zeit für die Familie haben, als sie es sich wünschen. Ein Vater berichtet ganz offen: „Mich plagt das schlechte Gewissen, dass meine Partnerin fast den gesamten Haushalt schmeißt und den Tagesablauf darauf abstimmt, dass ich mich abends auch an der Kinderbetreuung beteiligen kann.“ Viele der anwesenden Väter pflichten dem bei, dass es auch ihnen so ergehe. Ein Vater möchte wissen, welche Haushaltstätigkeiten den anderen Spaß machen und welche sie hassen. Ihm mache das Einkaufen und das Kochen Spaß. Es entspinnt sich eine angeregte Diskussion über bevorzugte und verhasste Tätigkeiten, auch werden die Gründe ausgelotet, warum man die eine Tätigkeit hasst und die andere liebt. Herr Bukowski bemerkt, dass fast alle wichtigen Haushaltstätigkeiten erwähnt wurden, aber wie sei es denn um die schmutzige Wäsche im Haushalt bestellt? Bis auf eine Ausnahme zeigen alle Väter großen Respekt vor der Tätigkeit des Wäschewaschens und beschreiben unüberwindliche Hindernisse, warum sie dieser nicht nachgehen. Herr Bukowski fragt die beteiligten Väter, ob sie etwas gegen ihr schlechtes Gewissen tun möchten. Zwei Väter schlagen vor, in Kleingruppen einen persönlichen „Action-Plan" zu entwickeln:. „Wie kann ich meine Partnerin entlasten – den Haushalt leicht gemacht". Der Vorschlag findet bei allen Zustimmung und die Männer machen sich an die Arbeit.

Wie in dem Beispiel 1.1 findet auch hier ein problemzentriertes Gespräch statt. Allerdings unterscheidet es sich von dem Beratungsgespräch mit Frau Argican als hier, bedingt durch das Gruppensetting, eine Dynamik entsteht, bei der die Beteiligten (Nicht-Fachkräfte) selbst Fragen stellen und insofern das Gespräch mitmoderieren. Dies ist aus Sicht von Herrn Bukowski sogar erwünscht.

Die einleitende Fragestellung („Was ist für mich der schönste Augenblick im Familienalltag? Was ist die größte Herausforderung als Vater?") beruht auf einem didaktischen Kalkül: Herr Bukowski kennt aufgrund seiner Erfahrungen und aus der Fachliteratur die typischen Probleme von Eltern, die aus dem sozialen Mittelstand kommen und den Übergang in die Elternschaft meistern müssen. Er weiß, dass es häufig nach der Geburt des Kindes zur sogenannten Retraditionalisierung der Aufgabenverteilung kommt. Viele junge Paare, die vor der Geburt eine partnerschaftliche Arbeitsteilung im Haushalt praktizierten, wenden sich von dieser ab und entwickeln nach der Geburt eine „traditionelle", geschlechtsspezifische Arbeitsaufteilung: Väter arbeiten Vollzeit, Mütter nehmen eine längere Elternzeit in Anspruch als die Väter und steigen später erst wieder in den Beruf ein (meist in Teilzeit). Väter ziehen sich zunehmend aus den Haushaltstätigkeiten zurück, sind aber im Vergleich zu ihren eigenen Vätern deutlich mehr in die Erziehung der Kinder involviert (Uhlendorff, Euteneuer & Sabla 2013, S. 40; Grunow, Schulz & Blossfeld 2007, S. 162 ff.; BMFSFJ

2006, S. 184 ff.). Herr Bukowski weiß auch, dass im Alltag vieles liegen bleibt, wie zum Beispiel die schmutzige Wäsche, dass diese Anlass von Konflikten wird und Waschen eine Haushaltstätigkeit ist, an der Ideale egalitärer Arbeitsteilung häufig zerbrechen (Kaufmann 1994). Zu Beginn der „Väterrunde“ thematisiert Herr Bukowski dies nicht; er hätte fragen können: „Wie sieht es bei Ihnen mit Haushaltstätigkeiten aus? Über welche streiten Sie sich am meisten mit Ihrer Partnerin?“ Dieser Gesprächseinstieg wäre didaktisch unklug gewesen, denn er hätte den Vätern aus einer normativen Perspektive heraus unterstellt, sie würden nur wenig im Haushalt tun. Die Konfrontation mit den normativen Vorstellungen (hier: Väter müssen im Haushalt mehr tun) hätte die Väter in einen Rechtfertigungszwang gebracht oder vielleicht sogar zu einem Verlassen der Gruppe geführt, nach dem Motto „Ich lass mir doch nicht von dem ‚Sozialfuzzi‘ erzählen, was ein guter Vater ist.“ Herr Bukowski hätte dann eine Interaktion entfacht, die man Kampfmuster nennt (Euteneuer et al. 2020, S. 17 ff.).

R

Grundregel 1 des fragend-erörternden sozialpädagogischen Gesprächs
Sozialpädagogen und Sozialpädagoginnen hören aktiv zu und achten in ihrer Gesprächsführung darauf, normative Wertungen gegenüber ihren Klient*innen zu vermeiden. Sie begegnen ihren Klient*innen mit Wertschätzung und legen so die Basis für das Entstehen eines Vertrauensverhältnisses zwischen Fachkraft und Klient*in.

Aus didaktischer Sicht entscheidet sich Herr Bukowski für einen Ausgangsimpuls, der unterschiedliche Perspektiven auf die eigenen Erfahrungen als Vater eröffnet. Die Väter können sich entscheiden, ob sie nur die positiven oder auch die negativen Seiten beschreiben wollen. Herr Bukowski weiß aber aus Erfahrung und aus der Fachliteratur, wo den „Männern der Schuh drückt“ und dass sie früher oder später selbst das Problem der konfliktbehafteten häuslichen Arbeitsteilung thematisieren. Er weiß auch, dass sich die Konfliktthematik „Arbeitsteilung im Elternsystem“ unterschiedlich darstellt. Meistens geht es zwischen

Eltern um die Streitfrage: „Wer macht was im Haushalt?“ Herr Bukowski hat aber auch schon eine Vätergruppe moderiert, bei der sich die Streitfrage im Elternsystem bei einigen Teilnehmern anders darstellte. Es ging hier nicht darum „Wer macht was im Haushalt?“ sondern um die Frage „Wie macht man es richtig?“ Er erinnert sich an den Satz eines Vaters: „Der Streit zwischen den Geschlechtern entzündet sich nicht mehr an der Frage der gerechten Arbeitsteilung, sondern daran, dass Männer und Frauen unterschiedliche Vorstellungen davon haben, wie man zum Beispiel richtig putzt, bügelt oder die Werkzeuge im Haushalt richtig verwendet, wie zum Beispiel ein Messer oder eine Bohrmaschine.“

R

Grundregel 2 des fragend-erörternden sozialpädagogischen Gesprächs
Die Fachkraft bemüht sich in ihrer Gesprächsführung, die Klient*innen dazu zu bewegen, ihre Probleme selbstständig zu exemplifizieren.

Klient*innen der Sozialen Arbeit aber auch Sozialpädagog*innen neigen dazu, Probleme sehr allgemein oder undeutlich zu formulieren (gelegentlich auch in offiziellen Hilfeplänen des Jugendamtes). Das ist ein Zeichen dafür, dass das Sozialpädagogische Fallverstehen noch nicht abgeschlossen oder nicht wirksam erfolgt ist. Zu der Gesprächsführung gehört es dazu, den*die Klient*in anzuregen, seine bzw. ihre Probleme anschaulich anhand von Beispielen zu verdeutlichen. Ich nenne dies in Anlehnung an Goodman (1997) *Exemplifikation.* In beiden Gesprächssituationen (Beispiel 1.1 und Beispiel 1.3.) gelingt dies durch eine kluge Gesprächsführung und den Einsatz von Fragetechniken. Frau Walther unterstützt diesen Prozess, indem sie ihre Klientin zu Situationsbeschreibungen auffordert: „Wie ergeht es Ihnen, wenn ihre Tochter um 21:30 Uhr noch nicht zurück ist?“ In der Väterrunde beschäftigen sich die Beteiligten mit einem „Allerweltsthema“, dem Zeitstress. Sie kommen nicht auf den Punkt, nämlich auf die eigentlichen Probleme, die sie und ihre Partnerinnen innerlich bewegen. Um dort hinzugelangen, stellt Herr Bukowski provokative Fragen in den

Raum: „Was ist daran so schlimm, dass Sie weniger Zeit für Ihre Familie haben, als Sie sich wünschen?“ oder „Wie ist es bei Ihnen im Haushalt um die schmutzigen Wäsche bestellt?“, woraufhin die Väter ihre Probleme exemplifizieren: „schlechtes Gewissen“ der Partnerin gegenüber, „es gibt eben unbeliebte Tätigkeiten im Haushalt, die niemand machen will.“ In der anderen Vätergruppe, in der die Männer scheinbar mehr im Haushalt machen, tauchen andere Beispiele auf: „Meine Frau beschwert sich ständig, dass die Küche immer wie ein Saustall aussieht, wenn ich koche ... Ich habe meiner Frau schon tausendmal gesagt, dass sie das gerillte Messer zum Tomatenschneiden und nicht zum Käseschneiden verwenden soll, das wird doch so stumpf.“ Hier werden genderspezifisch gedeutete Konfliktlinien im Paarsystem (Männer haben keine Sensibilität im Umgang mit Flüssigkeiten beim Kochen, Frauen haben kein Gespür für Werkzeuge) anhand von Beispielen beschrieben.

Ein weiteres wichtiges Element (Technik!) in dem fragend-erörternden sozialpädagogischen Gespräch bildet das *Paraphrasieren.* Es wurde in der personenzentrierten Gesprächsführung nach Carl Ransom Rogers (vgl. Lindemann 2018) entwickelt. Wie sieht diese Gesprächstechnik in der Praxis aus? Beim Fallbeispiel 1.1 paraphrasiert Frau Walther, indem sie sagt: „Frau Argican, ich möchte Ihnen gern in meinen Worten sagen, wie ich Ihre Situation verstanden habe ...“ Sie versucht, die Aussagen der Klientin zusammenzufassen. Gleichzeitig vermeidet sie dabei, ihre eigene fachliche Deutung (Mutter und Tochter haben Schwierigkeiten, die Perspektive des jeweils anderen zu verstehen und sich ihre zwischenmenschlichen Gefühle und Erwartungen mitzuteilen) ins Spiel zu bringen, sondern formuliert aus der Sicht der Klientin und in deren eigenen Worten das Problem. Am Ende fragt sie: „Habe ich Sie richtig verstanden?“

Das Paraphrasieren hat mehrere Funktionen: Zum einen dient es der Selbstkontrolle der Fachkraft, ob sie die Deutungen und Gefühle der Klientin richtig verstanden hat. Zum anderen bietet es der Klientin die Möglichkeit, die Herausforderung noch deutlicher vor sich zu sehen. Noch eine weitere Funktion wird deutlich, wenn Sie den Gesprächsablauf (Beispiel 1.3) noch einmal analysieren. Sie werden erkennen, dass Herr Bukowski mit dem Paraphrasieren eine Gesprächsphase abschließt (das Exemplifizieren des Problems) und zur nächsten überleitet (Lösungswege entwickeln).

Grundregel 3 des fragend-erörternden sozialpädagogischen Gesprächs

Sozialpädagog*innen halten sich mit ihren eigenen fachlichen Deutungen zurück und versuchen die Selbstdeutungen ihrer Klient*innen zu paraphrasieren. Mit dem Paraphrasieren leiten sie zugleich Gesprächsübergänge ein und steuern so die Dramaturgie des Gesprächs.

Wir kommen nun zur nächsten Phase des fragend-erörternden sozialpädagogischen Gesprächs: der *Erörterung von Lösungswegen.* Auch hier gilt, wie bei der Exemplifizierung von Problemen (siehe Grundregel 2), die Regel, dass die betreffenden Eltern, Kinder oder Jugendlichen dies selbsttätig tun und auch bei der Unterstützung des*der Berater*in in einem aktiven und selbstverantwortlichen Zustand bleiben. Es geht hier zunächst um die Frage, welche Lösungsmöglichkeiten hypothetisch möglich sind. Diese werden im Gespräch im Hinblick auf mögliche positive oder negative Effekte ausgelotet. Bei unseren beiden Beispielen ist diese Phase sehr kurz, in anderen Gesprächen kann sie wesentlich länger verlaufen. Im Idealfall gelingt es, Lösungswege zu konkretisieren und Lösungen einzuüben – dies geschieht in beiden Gesprächen. Wie dies methodisch zu leisten ist, dazu bietet die Fachliteratur sehr viele Anregungen (vgl. Euteneuer et al. 2020, S. 23–36). In dem dargestellten Erstgespräch (Beispiel 1.1) und dem Beispiel der Vätergruppe (Beispiel 1.3) werden einige sehr gängige Techniken eingesetzt: Frau Walther wendet das *„Reframing"* an, eine Gesprächstechnik, die aus dem neurolinguistischen Programmieren (NLP) stammt (Lindemann 2018). „Reframing" bedeutet, etwas einen neuen Rahmen zu geben. Frau Walther schlägt ihrer Klientin einen Kontext (Rahmen) vor, in dem sie ihrer Tochter „neu", das heißt anders, begegnen kann: „Ich bin jetzt einfach mal Ihre Tochter. Es ist Sonntag, sie beide sind entspannt und sitzen im Zimmer von Melina, die anderen Familienmitglieder sind beschäftigt. Wenn Sie möchten, können Sie mir das sagen und fragen, was wir soeben besprochen haben." Das Rollenspiel hat sich in der Praxis als eine sehr wirksame Form des Reframings bewährt (Euteneuer et al. 2020, S. 28 ff.). In der Vätergruppe wählen die Teilnehmer den *Handlungsplan* als Methode, um für sich Lösungswege zu finden, ihre Partnerinnen im Haushalt zu unterstützen und ihr schlechtes Gewissen zu entlasten.

Grundregel 4 des fragend-erörternden sozialpädagogischen Gesprächs

R

Sozialpädagog*innen vermeiden es, ihren Klient*innen gut gemeinte Ratschläge zu geben. Sie wissen, dass die selbstentwickelten Lösungsmuster ihrer Klient*innen wesentlich effektiver sind und schlagen ihnen Methoden bzw. Techniken vor, wie sie selbsttätig Lösungswege entwickeln können. Zu ihrem professionellen Selbstverständnis gehört es dazu, ihr Methoden- und Technikenrepertoire kontinuierlich zu erweitern, zum Beispiel durch das Studieren der Fachliteratur oder durch Teilnahme an Fortbildungen.

In beiden Beispielen entwickeln die Klient*innen Lösungswege. Allerdings gelingt dies in der Praxis nicht immer. Das ist allerdings kein Zeichen dafür, dass das Gespräch nicht erfolgreich war, sondern es kann vielmehr fortgesetzt werden.

Grundregel 5 des fragend-erörternden sozialpädagogischen Gesprächs

R

Sozialpädagogische Profis forcieren ihre Klient*innen nicht, ein Lösungsmuster zu entwickeln. Beide Seiten akzeptieren, dass Beratung ein Prozess ist, der mit einem Gespräch nicht zwingend abgeschlossen ist.

Zum Schluss möchte ich noch ein weiteres Element einer sozialpädagogischen Haltung einführen, das in der Fachliteratur häufig vernachlässigt wird. Frau Walther zeigt in dem Gespräch nicht nur Empathie, sondern sie vermittelt ihrer Klientin auch Selbstvertrauen. Sie sagt zu ihr mit Bezug auf das vorgeschlagene Rollenspiel: „Ich glaube, Sie sind eine starke Mutter und ... ich glaube Sie können das sehr gut, probieren Sie es doch mal aus!"

Grundregel 6 des fragend-erörternden sozialpädagogischen Gesprächs

Sozialpädagogische Fachkräfte geben zu verstehen, dass sie an die Fähigkeiten ihrer Klient*innen glauben und vermitteln ihnen Selbstvertrauen. Nicht zuletzt gelingt dies durch zwischenmenschlichen Zuspruch.

Hinweis

Mit diesen sechs Grundregeln sind wesentliche Aspekte einer professionellen Haltung in der Sozialen Arbeit benannt. Sie können diese Grundregeln als Reflexionsrahmen für ihren eigenen Umgang mit Klient*innen nehmen und einschätzen, wo Sie ihr professionelles Handeln noch verbessern können.

Übung 1.3

Eine Voraussetzung dafür, dass Sie das fragend-erörternde sozialpädagogische Gespräch eigenständig im Beruf anwenden können, ist das Einüben. Dafür empfiehlt sich als Methode das Rollenspiel. Wählen sie im Freundeskreis (unter ihren Kommiliton*innen) zwei Personen aus. Entwickeln Sie gemeinsam ein Thema, welches sich für das Gespräch eignet. Versetzen Sie sich in die Rolle der Fachkraft, eine Person spielt eine*n Klient*in, die andere beobachtet das Geschehen. Lassen Sie sich am Ende von beiden eine Rückmeldung geben: Wo ist es Ihnen gelungen, die oben genannten sechs Grundregeln einzuhalten? Wo ist es Ihnen noch nicht gelungen? Sie können dieses oder andere Themen mehrmals durchspielen (falls es sich um Kommiliton*innen handelt, können Sie sich in den Rollen abwechseln).

Übung 1.4
Recherchieren Sie im Internet: Was ist ein Familienzentrum? Welche Angebote machen sie? Was ist eine Familienbildungsstätte? Welche Angebote unterbreiten Familienbildungsstätten?

Abbildung 1.2 zeigt im Überblick den idealen Verlauf des fragend-erörternden sozialpädagogischen Gesprächs. Ich möchte damit dieses Unterkapitel abschließen, obwohl sich zu dem Thema noch vieles aus der Fachliteratur heranziehen ließe. Deshalb schlage ich Ihnen vor, es durch ein Selbststudium zu vertiefen. Ich empfehle die Lektüre von Juliana Schiwarov „Methoden der Beratung – mit Eltern und Bezugspersonen" (2019, S. 450–467).

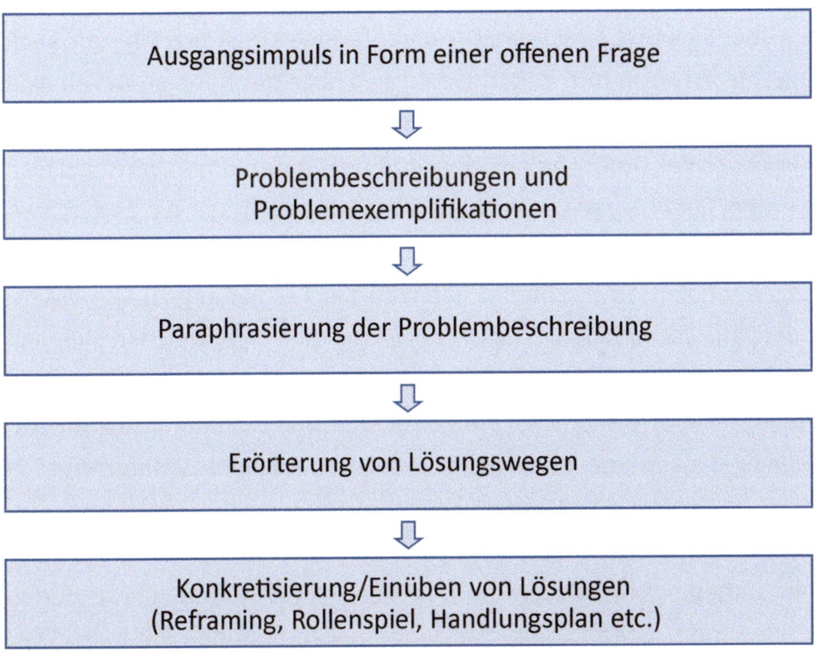

Abb. 1.2: Idealverlauf des fragend-erörternden sozialpädagogischen Gesprächs

1.4 Gesprächsdokumentation ... leicht gemacht?

Die Dokumentation gehört sicherlich mit zu den unbeliebteren Tätigkeiten von Sozialpädagog*innen. Der Unmut rührt daher, dass sie eigentlich mit Menschen arbeiten und sie unterstützen wollen, aber viel Zeit am Schreibtisch mit Dokumentationen verbringen müssen. Während der letzten dreißig Jahre hat das Dokumentationswesen in der Sozialen Arbeit erheblich zugenommen. Dafür gibt es verschiedene Gründe: Die Einführung von Verfahren der Qualitätssicherung, die durch das SGB VIII vorgeschriebenen Leistungsvereinbarungen zwischen öffentlichen und privaten Trägern sowie die Vorgaben der Bildungs- und Erziehungspläne, die die einzelnen Bundesländer mit Bezug auf die Kinder- und Jugendhilfe verabschiedet haben. In Folge des Bundeskinderschutzgesetzes, das am 1. Januar 2012 in Kraft getreten ist, haben die Jugendämter ihren Fachkräften strengere Regeln in Bezug auf die Dokumentation auferlegt.

Über Sinn und Zweck von Dokumentationen lässt sich streiten, auch über deren Form und Inhalt. Viele Fachkräfte der Sozialen Arbeit sind verärgert, weil sie nicht nur viel Zeit dafür aufbringen müssen, sondern auch das Gefühl haben, dass ihre Dokumentationen nicht gelesen werden. Zur Aufgabe von Fachkräften gehört auch, standardisierte Verfahren, wie das Dokumentieren, kritisch in den Blick zu nehmen und sie gegebenenfalls im Fachteam oder mit der Fachleitung zu verbessern oder ganz abzuschaffen. Dabei geht es um die Frage, welchen Sinn und Zweck Dokumentationen erfüllen sollen und welche Form sich daraus sinnvoller Weise ergibt. An einigen Stellen sind Dokumentationen notwendig, an anderen nicht (wie z. B. bei dem Angebot „Vätergruppe" in der Familienfreizeit). Deshalb beschränke ich mich im Folgenden auf solche Arbeitszusammenhänge, bei denen Gesprächsdokumentationen unbedingt notwendig sind, nämlich in den Kontexten, in denen Kindes- und Jugendwohlgefährdung im Raum stehen könnten. Dies trifft für das beschriebene Erstgespräch in der Beratungsstelle (und auch für die Folgegespräche mit Frau Argican) zu. Sinn und Zweck der Dokumentation begründet sich wie folgt:

- Die Dokumentation dient dazu, dass sich die fallzuständige Fachkraft (oder bei Krankheit bzw. Urlaub ihre Vertretung) den Sachverhalt bei einem folgenden Beratungsgespräch in Erinnerung rufen kann.
- Sie ermöglicht, Entwicklungsverläufe aufzuzeigen und die eigene Arbeit zu evaluieren.
- Sie bildet die Grundlage für die kollegiale Fallberatung im Jugendamt, wenn es um die Einschätzung des erzieherischen Bedarfs und möglicher Hilfen zur Erziehung geht.
- Sie ist im Sinne einer Vorsichtsmaßnahme notwendig, um unter Umständen das professionelle Handeln abzusichern bzw. zu rechtfertigen – insbesondere im Hinblick auf mögliche Gerichtsverfahren. Leider kommt es gelegentlich dazu, dass Fachkräfte und Jugendamtsleiter*innen sich vor Gericht verantworten müssen, weil man ihnen vorwirft, bei Kindeswohlgefährdung nicht umsichtig genug gehandelt zu haben.
- Sie dient als Grundlage für Gutachten für fachliche oder richterliche Entscheidungen.

Ein Beispiel für ein Dokumentationsformat zeigt die Abbildung 1.3 (nächste Seite).

Zu dem Thema Dokumentation ließe sich hier noch einiges aus der Fachliteratur heranziehen. Sie können das selbst tun: Ich empfehle Ihnen die Lektüre des Beitrags von Marc Witzel „Arbeitsfeld Hilfen zur Erziehung: Beobachtungs- und Dokumentationsverfahren zur Erfassung von Entwicklungs- und Bildungsprozessen“ (Witzel 2019, S. 151–157) im Lehrbuch „Erziehen als Profession“.

Dokumentationsbogen

Datum: Uhrzeit (Beginn): Dauer (ca.):

Ort, an dem das Gespräch stattgefunden hat/Gesprächsform (Telefonat, Vis-à-Vis-Gespräch im Beratungsraum der Beratungsstelle des Jugendamtes, im Familienzentrum, in der KiTa, Wohnung der Familie etc.):

Beteiligte Personen
1. Sozialpädagogische Fachkräfte:
2. Familienmitglieder (Eltern, Kind, Jugendliche*r, Großeltern etc.):
3. Sonstige Personen:

Anlass für das Gespräch:

„Wer hat welche Probleme und mit wem?“ Problembeschreibungen aus Sicht der Elternteile, Kinder, Jugendlichen und sonstiger Personen (z. B. Lehrer*innen):
- Person A:
- Person B:
- Person C:

Wurden Lösungen, weiterführende Perspektiven erarbeitet oder weiterführende Angebote unterbreitet? Ja/Nein
Wenn ja: welche?

Wurden mit den Klienten Vereinbarungen getroffen? Ja/Nein
Wenn ja: welche?

Bestehen Anhaltspunkte für eine Kindes-/Jugendwohlgefährdung? Ja/Nein
Wenn ja: welche?

Wenn ja: welche Maßnahmen wurden zum Schutz des*der Minderjährigen ergriffen?

Wenn nein: worauf begründet sich die Einschätzung, dass keine Anhaltspunkte für Kindes-/Jugendwohlgefährdung bestehen?

Abschließende Fachliche Einschätzung durch die Fachkraft/Fachkräfte:

Abb. 1.3: Dokumentationsbogen

1.5 Zusammenfassung

Sozialpädagogisches Fallverstehen ist für das professionelle Handeln von Sozialpädagog*innen unerlässlich. Wir haben in diesem Kapitel den Begriff Sozialpädagogisches Fallverstehen als einen ko-konstruktivistischen Prozess definiert, bei dem Sozialpädagog*innen gemeinsam – trotz einer asymmetrischen Beziehung zwischen Fachkraft und Klient*in – klären, was der Fall ist. Das bedeutet zu verstehen: *Wer hat welche Probleme und mit wem?*

Ziel ist es (1) zu einer gemeinsamen Situationsdefinition zu gelangen und (2) ein Arbeitsbündnis herzustellen. Auf dieser Grundlage entwickeln Fachkräfte und Klient*innen (3) gemeinsam einen Lösungsweg zur Bewältigung der Probleme. Sozialpädagogisches Fallverstehen spielt sich in professionellen Kontexten ab, insbesondere in der Kinder- und Jugendhilfe, und ist eine (in erster Linie von Steuergeldern bezahlte) Dienstleistung. Die Interaktion zwischen den Profis und den Eltern, Kindern und Jugendlichen ist durch eine bestimmte wechselseitige Erwartungshaltung strukturiert: Die Klient*innen suchen direkte Hilfe bzw. Unterstützung und die Fachkräfte erwarten von ihren Klient*innen, dass sie zur Reflexion und Veränderung ihrer Lebenssituation bereit sind. Unter dem Begriff Sozialpädagogisches Fallverstehen reihen sich eine Vielzahl von Handlungsansätzen, auch Methoden genannt, ein. Einen ersten haben Sie kennengelernt: das fragend-erörternde sozialpädagogische Gespräch. Es ist eine Form der Beratung, die sozialpädagogisch ausgerichtet ist und mit vielen anderen Beratungsformen, wie zum Beispiel der Schuldnerberatung, Ähnlichkeiten hat. Ein Kennzeichen ist die Problemzentrierung. Dieser Handlungsansatz des Sozialpädagogischen Fallverstehens wird sowohl in einer Eins-zu-eins-Situation (Fachkraft-Klient*in) als auch in Gruppentexten angewendet (z. B. in Angeboten der Familienbildung wie Väter- oder Alleinerziehenden-Gruppen). Die Gesprächsführung zielt darauf ab, die Klient*innen zu aktivieren, ihre Probleme zu reflektieren, selbstständig Lösungswege zu entwickeln und im Idealfall Lösungsmöglichkeiten einzuüben.

Sozialpädagogisches Fallverstehen kommt ohne Dokumentation nicht aus, insbesondere in den Kontexten, in denen es rechtlich geboten ist, die Gefahr einer möglichen Kindes- und Jugendwohlgefährdung fachlich einzuschätzen.

Am Ende dieses Kapitels stellt sich die Frage nach dem Ergebnis des Gesprächs zwischen Frau Walther und der Schulsozialarbeiterin von Melina und der weiteren Familienentwicklung. Frau Walther konnte in dem Telefonat in Erfahrung bringen, dass die Schulsozialarbeiterin mit Melina schon mehrere Gespräche über ihre Konflikte mit der Mutter geführt habe. Sie unterstütze Melina; eine Kindeswohlgefährdung liege nach ihrer Ansicht nicht vor. Einige Zeit später kommt es zu einem scheinbar dramatischen Konflikt innerhalb der Familie, die einen Jugendhilfeeingriff erforderlich macht. Darum soll es im nächsten Kapitel gehen. Sie lernen einen weiteren Handlungsansatz des Fallverstehens kennen: Die Sozialpädagogische Diagnose.

Aufgaben zur Selbstüberprüfung

Aufgabe 1.1
Definieren Sie: Was ist eine gemeinsame Situationsdefinition? Was ist ein sozialpädagogisches Arbeitsbündnis?

Aufgabe 1.2
Fassen Sie schriftlich kurz zusammen: Wodurch unterscheidet sich das fragend-erörternde sozialpädagogische Gespräch von einem Kund*innenberatungsgespräch?

Aufgabe 1.3
Dokumentieren Sie das Gespräch in der Beratungsstelle (Beispiel 1.1). Benutzen Sie dabei den Dokumentationsbogen (Abb. 1.3). Alternativ können Sie auch ein Beratungsgespräch dokumentieren, das sie selbst durchgeführt haben.[2]

2 Die Lösungen der Aufgaben zur Selbstüberprüfung finden Sie im Anhang C sowie als Online-Material auf www.beltz.de. Versuchen Sie es aber zuerst gerne selbstständig, die Aufgaben zu bearbeiten.

2 Sozialpädagogische Diagnosen

K

Am Ende dieses Kapitels wissen Sie, was eine Sozialpädagogische Diagnose ist und warum und wo sie eingesetzt wird. Sie kennen deren Ablauf und die einzelnen Arbeitsschritte. Sie können mit Eltern und Jugendlichen ein Genogramm erstellen und wissen, wie man mit ihnen ein Rückmeldegespräch führt und gemeinsam mit ihnen ein Zielplakat entwickelt.

2.1 Warum und wozu Sozialpädagogische Diagnosen eingesetzt werden und welche Funktion sie haben

In diesem Abschnitt möchte ich mit Ihnen erarbeiten, was eine Sozialpädagogische Diagnose ist und wodurch sie sich von anderen Diagnosen unterscheidet, beispielsweise von der medizinischen. Sie werden aber zunächst sicherlich fragen, warum und wozu man eine solche Diagnose überhaupt braucht. Reicht das fragend-erörternde sozialpädagogische Gespräch nicht aus? Bei Frau Argican scheint dies zunächst der Fall gewesen zu sein. Beide Seiten waren, so scheint es, mit dem Ergebnis des Gesprächs zufrieden, denn es wurde eine Lösung für das Problem entwickelt und gemeinsam eingeübt. Allerdings stellt sich die Frage, ob der Lösungsweg erfolgreich war und das Gespräch ausreichend dazu beigetragen hat, zu klären, wer welche Probleme mit wem hat und was zu tun ist. In einer vorersten Annäherung können wir die Ausgangsfrage so beantworten: Sozialpädagogische Diagnosen sind dann angezeigt, wenn die Probleme so komplex sind, dass Fachkräfte und Klient*innen sie nicht ohne den Einsatz von intensiven Handlungsansätzen des Sozialpädagogischen Fallverstehens klären können. Genau dies trat bei der Familie Argican später ein. Ich komme noch einmal auf die Familie Argican zurück (Beispiel 2.1).

Beispiel 2.1 Inobhutnahme von Melina und Krisenintervention
Frau Argican hat im Anschluss an das Erstgespräch die Beratungsstelle noch zwei Mal aufgesucht und mithilfe von Rollenspielen Situationen mit ihren Kindern nachgespielt, um mehr Sicherheit im Umgang mit ihnen zu erwirken. Da sich die Familiensituation aus Sicht von Frau Argican wesentlich verbessert hatte, wurde die Beratung beendet – obwohl Frau Walther noch weiteren Bedarf sah. Circa ein halbes Jahr nach der Beratung hat sich die Familiensituation konflikthaft zugespitzt. Melina befindet sich in Inobhutnahme des Jugendamtes und lebt in einer Wohngruppe des Pestalozziheims mit anderen Jugendlichen zusammen. Anlass war, dass sich Melina an die Schulsozialarbeiterin Frau Wohlfeil gewendet und beklagt hat, dass ihre Mutter sie verprügelt habe und dass sie nicht mehr zurück nach Hause möchte. Frau Wohlfeil hat daraufhin in einem längeren Gespräch Melina über ihre Rechte aufgeklärt: Sie habe das Recht, beim Jugendamt um Obhut zu bitten, wenn sie sich in einer Notsituation befinde. Sie werde dann vorläufig in einer Wohngruppe eines Kinderheims untergebracht, bis geklärt sei, wie es weitergehen solle. Das Jugendamt sei allerdings verpflichtet, die Eltern zu benachrichtigen. Melina hat zugestimmt und wurde am selben Tag zu der Wohngruppe gebracht, wo sie nun seit vier Tagen lebt. Herr Kreutzer vom Jugendamt ist nun für Melina zuständig. Er hat sowohl mit ihr als auch mit Frau Argican ein Gespräch geführt. Die Mutter behauptet, dass Melina im Streit ihre jüngere Schwester geschlagen habe. Daraufhin habe sie, Frau Argican, Melina „nur" eine Ohrfeige gegeben. Sie habe sie nicht, wie Melina behaupte, verprügelt. Das sei aus ihrer Sicht alles und kein Grund für Melina, wegzulaufen. Frau Argican möchte, dass Melina wieder nach Hause kommt. Melina behauptet, dass ihre Mutter ihr solche Schläge versetzt habe, dass sie blaue Flecken davongetragen habe. Melina hat ihrer Betreuerin Frau Demir in der Wohngruppe zu verstehen gegeben, dass sie ihre Mutter nicht sehen und auch nicht kontaktieren wolle. Sie möchte erstmal in der Gruppe bleiben. Das Jugendamt hat die Einrichtung Pestalozziheim mit einem „Clearing" beauftragt, welches in

enger Zusammenarbeit mit Herrn Kreutzer durchgeführt werden soll. Frau Demir und ihr Kollege Herr Fitzner werden nach einer kollegialen Beratung der Fachkräfte im Rahmen einer Teamsitzung beauftragt, eine sozialpädagogische Familiendiagnose durchzuführen.

Übung 2.1

Recherchieren Sie: Was ist eine Inobhutnahme?

Was könnten nun die Gründe gewesen sein, warum sich die Fachkräfte in dem Fallbeispiel entschieden haben, eine Sozialpädagogische Diagnose durchzuführen? Ein Grund ist offensichtlich: Sowohl Herr Kreutzer vom Jugendamt als auch die Sozialpädagog*innen des Pestalozziheims haben trotz der (Einzel-)Gespräche mit Melina und den Eltern keine Klärung bzw. Lösung der Situation herbeiführen können und entscheiden sich eine Sozialpädagogische Diagnose durchzuführen.

Grundregel 1 der Sozialpädagogischen Diagnose

R

Sozialpädagogische Diagnosen werden in der Praxis dann eingesetzt, wenn Gespräche nicht ausreichen, um zu klären, wer welche Probleme mit wem hat und was zu tun ist.

Weitere Gründe erschließen sich anhand des Auftrages des Pestalozziheims, welches nicht nur Kinder und Jugendliche auf Weisung des Jugendamts in Obhut nimmt, sondern auch im Rahmen einer Kriseninterventionen das sogenannte Clearing anbietet. Die Einrichtung soll überprüfen, ob eine Kindeswohlgefährdung vorliegt und wenn ja, ob durch intensive Hilfe ein familiengerichtlicher Eingriff, das heißt die Herausnahme der Kinder, vermieden werden kann. Die Fachkräfte des Pestalozziheims haben den Auftrag, gemeinsam mit dem Jugendamtsmitarbeiter zu klären, ob die Voraussetzung des § 27 SGB VIII Hilfe zur Erziehung gegeben ist.

Grundregel 2 der Sozialpädagogischen Diagnose
Sozialpädagogische Diagnosen werden unter anderem eingesetzt, um unter Mitwirkung der Eltern, Jugendlichen und Kinder zu klären, ob eine dem Wohl des Kindes oder des*der Jugendlichen entsprechende Erziehung nicht gewährleistet ist und die Hilfe für seine Entwicklung geeignet und notwendig ist (gemäß § 27 SGB VIII).

Der Gesetzgeber schreibt in § 27 SGB VIII vor, dass Art und Umfang der Hilfe sich nach dem erzieherischen Bedarf richten sollen und dabei das engere soziale Umfeld des Kindes oder des Jugendlichen einzubeziehen sei. Dies setzt einen intensiven Klärungsprozess durch das Jugendamt (auch in Zusammenarbeit mit einem geeigneten freien Jugendhilfeträger) unter Mitwirkung der Eltern, Jugendlichen und Kinder voraus.

Grundregel 3 der Sozialpädagogischen Diagnose
Sozialpädagogische Diagnosen beabsichtigen im Sinne eines ko-konstruktiven Prozesses zwischen Sozialpädagog*innen, Eltern, Jugendlichen und Kindern einen erzieherischen Bedarf zu formulieren.

Im Unterschied zum fragend-erörternden sozialpädagogischen Gespräch geht es hier um die Erstellung eines Produkts, das heißt eines *Dokuments,* das die Fachkräfte und die Eltern, Jugendlichen und Kinder dabei unterstützt, den erzieherischen Bedarf festzustellen, und direkt oder indirekt zur Grundlage der Hilfeplanung (gemäß § 36 SGB VIII) verwendet werden kann. Allerdings muss an dieser Stelle betont werden, dass bei der Feststellung des erzieherischen Bedarfs, insbesondere bei Kindeswohlgefährdung, Sozialpädagogische Diagnosen allein oft nicht ausreichen und je nach Umständen andere Verfahren, wie medizinische, psychologische oder psychiatrische Diagnosen bzw. Gutachten, hinzugezogen werden. Diagnosen, das gilt nicht nur für die sozialpädagogische, richten ihren Fokus immer nur auf einen bestimmten Wirklichkeitsausschnitt und lassen demnach nur beschränkt Aussagen zu – diagnostizieren heißt übersetzt „auseinandererkennen“

bzw. „unterscheiden", aber in Bezug auf ein definiertes Phänomen wie Gesundheit oder Krankheit.

An dieser Stelle möchte ich auf einen grundlegenden Unterschied zwischen schulmedizinischen und Sozialpädagogischen Diagnosen hinweisen. Bei den schulmedizinischen handelt es sich um Statusdiagnosen, das heißt sie definieren anhand von Indikatoren einen Zustand (eine bestimmte Krankheit), der sich an einer international anerkannten Klassifikation von Krankheiten (International Classification of Diseases) orientiert; das heißt die analysierten Symptome werden einem Krankheitstyp zugeordnet.[3] Ärzte erfinden (in der Regel) keine Krankheiten, sondern leiten sie von einer schon bestehenden, international anerkannten Typologie ab. Dies ist bei Sozialpädagogischen Diagnosen nicht der Fall. Es existiert keine „International Classification of Social Problems", an der man sich orientieren kann. In unserer Gesellschaft gibt es zwar eine Reihe von weit verbreiteten sozialen Problemen, wie Armut, Drogenabhängigkeit, Kriminalität (Albrecht & Groenmeyer 2012), die in dem Sinne auch „anerkannt" sind, als dass öffentlich finanzierte Hilfen bereitgestellt werden, wie zum Beispiel Drogen- oder Schuldnerberatung. Um diese festzustellen, benötigt man jedoch keine Sozialpädagogischen Diagnosen, oft reicht ein Gespräch aus. Sozialpädagogische Diagnosen zielen vielmehr darauf ab, die subjektive Sichtweise von Eltern, Jugendlichen und Kindern auf ihre Lebenssituation zu ergründen. In der Sozialpädagogik nennt man diesen sozialpädagogischen Blick „Lebensweltorientierung". Er wurde unter anderem von Hans Thiersch, mittlerweile pensionierter Professor für Erziehungswissenschaft und Sozialpädagogik an der Universität Tübingen, entwickelt (Grunwald & Thiersch 2004). Lebensweltorientierung heißt, dass Sozialpädagog*innen sich ein Bild von den Selbst- und

3 Hier muss allerdings betont werden, dass es neben der schulmedizinischen Richtung auch medizinische Traditionen gibt (z. B. Alternativmedizin), die ganzheitliche Diagnosen erstellen und dabei in Form einer Sozialanamnese auch individuelle soziale und biografische Aspekte des*der Patient*in berücksichtigen. Hierbei handelt es sich nicht um Statusdiagnosen. Auch in der Kinder- und Jugendpsychiatrie werden Diagnosen angewendet, die soziale Aspekte mit berücksichtigen.

Weltdeutungen der Familienmitglieder machen: Wie sehen die Eltern ihre Familiensituation? Wie nehmen sie sich selbst in ihrer Rolle als Eltern wahr? Wie sehen sie ihre Kinder? Welche Erwartungen haben sie an sozialpädagogische Einrichtungen (z. B. KiTa oder Beratungsstelle)? Welche Probleme sehen sie in der Erziehung oder Partnerschaft und wie beschreiben die Kinder oder Jugendlichen ihre Familien- und Lebenssituation? Lebenswelt und Lebenslage sind unterschiedliche wissenschaftliche Begriffe, die man deshalb auseinanderhalten sollte.

Die Sozialpädagogische Diagnose konzentriert sich in erster Linie auf die Lebenswelt von Menschen, sie kann aber durch objektive Daten zur Lebenslage ergänzt werden.

Definition 2.1
Unter Lebenswelt versteht man die (inneren) Gewissheiten, über die ein Individuum Kraft seiner Deutungen verfügt, im Hinblick auf sich selbst, auf andere Menschen oder der Welt im Allgemeinen, und die es mit anderen zu teilen versucht. Die Lebenswelt eines Individuums bildet sich insbesondere durch die Interaktion mit anderen Menschen aus. Sie ist somit eine soziale Konstruktion der Wirklichkeit. Lebenswelt ist die subjektive Wirklichkeit, in der ein Mensch lebt und agiert.

Definition 2.2
Lebenslage bedeutet die objektiv (von außen) beschreibbaren sozioökonomischen Rahmenbedingungen, unter denen ein Individuum oder eine Familie lebt. Dazu gehören insbesondere die Ausbildungs- und Berufssituation, die Familiensituation, Einkommens- und Vermögensverhältnisse, Wohnsituation und Gesundheitszustand.

In einem Lebensfeld wie Familie, KiTa oder Schule können unterschiedliche Lebenswelten aufeinandertreffen und zwar deshalb, weil Eltern und Kinder verschiedenen Generationen angehören und unterschiedliche Erfahrungen gemacht haben. Lebensweltorientierung in der Sozialen Arbeit mit Familien heißt nicht, dass die sozialpädagogischen Fachkräfte ihre professionelle Einschätzung bezüglich der Familiensituation nicht ins Spiel bringen dürfen, zum Beispiel im Hinblick auf die Förderung des Kindes. Aber dies sollte im Sinne einer professionellen Haltung taktvoll (vgl. Kap. 1 Grundregeln 1–6) geschehen. Sozialpädagogische Diagnosen versuchen beides zu verbinden.

Grundregel 4 der Sozialpädagogischen Diagnose
Sozialpädagogische Diagnosen ergründen die Selbst- und Weltdeutungen der Klient*innen im Hinblick auf ihre aktuelle Lebenssituation und verbinden sie mit der fachlichen Sichtweise der Sozialpädagog*innen.

R

Wir können festhalten, dass im Unterschied zur Schulmedizin in der sozialpädagogischen Praxis nicht Status-, sondern Prozessdiagnosen eingesetzt werden. Sozialpädagogische Diagnosen zielen nicht darauf ab, den aktuellen Zustand eines*einer Klient*in zu erfassen, sondern Hilfeprozesse zu begleiten und Veränderungen aufzuzeigen.

Definition 2.3
Die Sozialpädagogische Diagnose ist eine Methode des Sozialpädagogischen Fallverstehens, die Fachkräfte, Eltern, Jugendliche und Kinder dabei unterstützt, den erzieherischen Bedarf im Rahmen von Hilfen zur Erziehung zu formulieren. Im Sinne einer Prozessdiagnose begleitet und unterstützt sie Veränderungsprozesse.

D

Mittlerweile findet man in der Fachliteratur unterschiedliche Konzepte Sozialpädagogischer Diagnosen, die das erfüllen sollen, was in diesem Abschnitt erläutert wurde. Die meisten werden im Handbuch von Maja Heiner (2004) und Buttner et al. (2018) beschrieben. Welche davon und mit welcher Verbreitung tatsächlich in der Praxis angewendet wird, ist unterschiedlich. Viele Jugendämter verwenden selbst entwickelte Verfahren, die auch ganz unterschiedliche Namen tragen (wie z. B. Fallanalyse). Oft werden diese von den Fachkräften selbst nicht als Diagnosen bezeichnet. Im Folgenden werde ich Ihnen eine Sozialpädagogische Diagnoseform vorstellen, die ich 1995 selbst für Jugendliche konzipiert (Uhlendorff 2010) und gemeinsam mit Stefan Cinkl um eine

Familiendiagnose ergänzt habe (Cinkl & Uhlendorff 2021). Der Ansatz wurde im Rahmen zweier Praxisforschungsprojekte entwickelt und 2010/2011 evaluiert (Cinkl & Krause 2011). Er wird mittlerweile von vielen Jugendhilfeträgern in Deutschland, der Schweiz und Österreich angewendet.

2.2 Die Sozialpädagogische Familiendiagnose. Familie Argican … ein Fall von Kindeswohlgefährdung?

Zunächst stellt sich die Frage, wer die Diagnose federführend durchführt. Dies hängt vom jeweiligen Jugendamt ab. Es gibt einige Jugendämter, die Fachkräfte in der Durchführung der Diagnose geschult haben und die sich dafür verantwortlich zeichnen. In den überwiegenden Fällen werden freie Träger dazu im Rahmen eines Clearings vom Jugendamt beauftragt oder führen diese durch, da es zu ihrem Standardrepertoire gehört. Für die Diagnose braucht es lediglich die Bereitschaft der Eltern bzw. Jugendlichen, mitzuwirken. Da Eltern und Jugendliche Expert*innen ihrer Lebenssituation sind und nur sie Auskunft über ihre Lebenswelt geben können, basiert die Diagnose ausschließlich auf Gesprächen und Leitfadeninterviews, die die Fachkräfte mit den Jugendlichen und Eltern durchführen.

In der Regel haben die Fachkräfte vom ASD (Allgemeiner Sozialer Dienst) oder von freien Trägern schon vor dem eigentlichen Diagnoseprozess Vorgespräche mit der Familie geführt. Zunächst werden im Fachteam (Fachkräfte des ASD oder des freien Jugendhilfeträgers) die Informationen aus den Vorgesprächen zusammengestellt und darauf basierend Fragestellungen entwickelt, die im Vorfeld des Hilfeplangesprächs mit der Familie zu klären sind („Clearing-Auftrag"). Anschließend gilt es, die Familienmitglieder über den Sinn und Zweck der Diagnose zu informieren und nach deren Einwilligung (die Diagnose ist freiwillig) zu klären, wer an den Interviews teilnimmt. Bevor diese geführt werden, sollte im Vorfeld im Fachteam (in Zusammenarbeit mit der zuständigen Fachkraft des Jugendamtes) eine Fragestellung formuliert werden, die es mithilfe der Diagnose zu klären gilt. Bezogen auf unser Fallbeispiel der Familie Argican lauten die Fragestellungen,

- ob eine Kindeswohlgefährdung (nicht nur für Melina, sondern auch für die anderen Geschwister) vorliegt;
- ob im Fall von Melina eine Rückführung in die Familie möglich ist, und wenn ja, unter welchen Bedingungen;
- wie der unter Mitwirkung von Melina und ihren Eltern ermittelte erzieherische Bedarf für Melina bzw. für die Eltern lautet und ob ein Anspruch auf Hilfe zur Erziehung besteht.

Die Jugendlichen werden unabhängig von den Eltern interviewt, letztere in der Regel ebenfalls getrennt, um unterschiedliche Problemeinschätzungen zu erhalten. Die Diagnose umfasst insgesamt neun Arbeitsschritte:

1. Diagnoseeinleitung
2. Vorgespräch
3. Interviews mit Eltern, Jugendlichen und Kindern
4. Teamauswertung der Interviews
5. Einzelrückmeldungen
6. Gegenseitige Vorstellung der Diagnoseergebnisse
7. Reflexionsgespräch
8. Hilfeeinleitung
9. Selbstevaluation

Im Folgenden werde ich mich, um den Rahmen nicht zu sprengen, lediglich auf vier Diagnoseschritte konzentrieren:[4]

4 Die Erläuterung aller Arbeitsschritte und Fallbeispiele finden Sie in Cinkl & Uhlendorff 2021.

Schritt 1: Das Vorgespräch mit der Familie

Schritt 2: Die Durchführung von leitfadengestützten Interviews mit den Familienmitgliedern (Eltern, Kindern und Jugendlichen)

Schritt 3: Die Auswertung der Interviews im Team

- Zusammenfassung der Interviews
- Interpretation (im Sinne einer Hypothesenbildung) der zentralen Konfliktthemen (Eltern) bzw. Lebensthemen und Entwicklungsaufgaben (Jugendliche)

Schritt 4: Rückmeldung der Ergebnisse der Diagnose an die Familie, Überarbeitung der Konfliktthemen und Entwicklung einer Aufgabenstellung gemeinsam mit den Familienmitgliedern, Vorbereitung des Hilfeplangesprächs mit den Eltern, Jugendlichen und Kindern.

2.2.1 Schritt 1: Das Vorgespräch mit der Familie

Das Vorgespräch mit den Familienmitgliedern findet in der Regel innerhalb der Familienwohnung statt und wird von einer Fachkraft moderiert. Nach Möglichkeit nimmt die gesamte Familie teil. Ziel ist es, die Familienmitglieder auf die Diagnose vorzubereiten. Dies umfasst Folgendes: die Einwilligung zur Teilnahme (falls noch nicht geschehen), Informationen zum Interviewverfahren (Interviewthemen, Ablauf), zum Umgang mit den Interviewinformationen (Datenschutz), zum Ablauf der Diagnose etc. Es werden auch Interviewtermine vereinbart. Im Anschluss daran erstellt die Fachkraft gemeinsam mit einem oder beiden Elternteilen (falls sie in einem Haushalt leben) ein Genogramm. Das Genogramm ist eine grafische Darstellung der Familienbeziehungen und ein weitverbreitetes Instrument in der Familientherapie. Es umfasst in der Regel mehrere Generationen und dient dazu, die Beziehungsstrukturen deutlich zu machen und insbesondere wiederkehrende konfliktbehaftete Muster innerhalb der Familiengeschichte aufzuzeigen. In der Familientherapie werden Genogramme erstellt, die zum Teil sehr ins Detail der Familiengeschichte gehen und ein komplexes System von Symbolen umfassen. Bei der Sozialpädagogischen Diagnose dient das Diagramm im Wesentlichen dazu, eine erste Übersicht über das Familiensystem zu erstellen und weniger therapeutischen Zwecken. Es vereinfacht die Interviewführung, weil die Interviewten nicht langwierig erklären müssen, im welchen Kontext eine Person steht, von der gerade gesprochen wird. Auch bei der Analyse der Ressourcen wird oft auf das Genogramm zurückgegriffen.

Grundregel 5 der Sozialpädagogischen Diagnose
Bei der Sozialpädagogischen Diagnose dient das Genogramm dazu, den Fachkräften die Familienbeziehungen zu verdeutlichen. Es wird gemeinsam mit den Eltern erstellt. R

Bei der Sozialpädagogischen Diagnose wird auf eine einfache Version des Genogramms zurückgegriffen. Das Gespräch dazu wird von der Fachkraft folgendermaßen eingeleitet: „Sie haben uns in den Vorgesprächen schon einige Personen genannt, die Sie zu ihrer Familie zählen. Zur besseren Übersicht für uns (Fachkräfte) würden wir Sie nun bitten, mit mir/uns gemeinsam aufzuzeichnen, wer aus Ihrer Sicht zum Familienkreis zählt: Wer gehört aus Ihrer Sicht zur Familie, welche Familienmitglieder (auch aus der Verwandtschaft) sind Ihnen und Ihren Kindern wichtig?“ Wenn das Genogramm erstellt ist, wird zur Vollständigkeit nochmals nachgefragt: „Haben Sie vielleicht noch jemanden aus der Familie oder Verwandtschaft vergessen, der oder die dazu gehört?“

Das mit Herrn und Frau Argican entwickelte Genogramm zeigt die Abbildung 2.1.

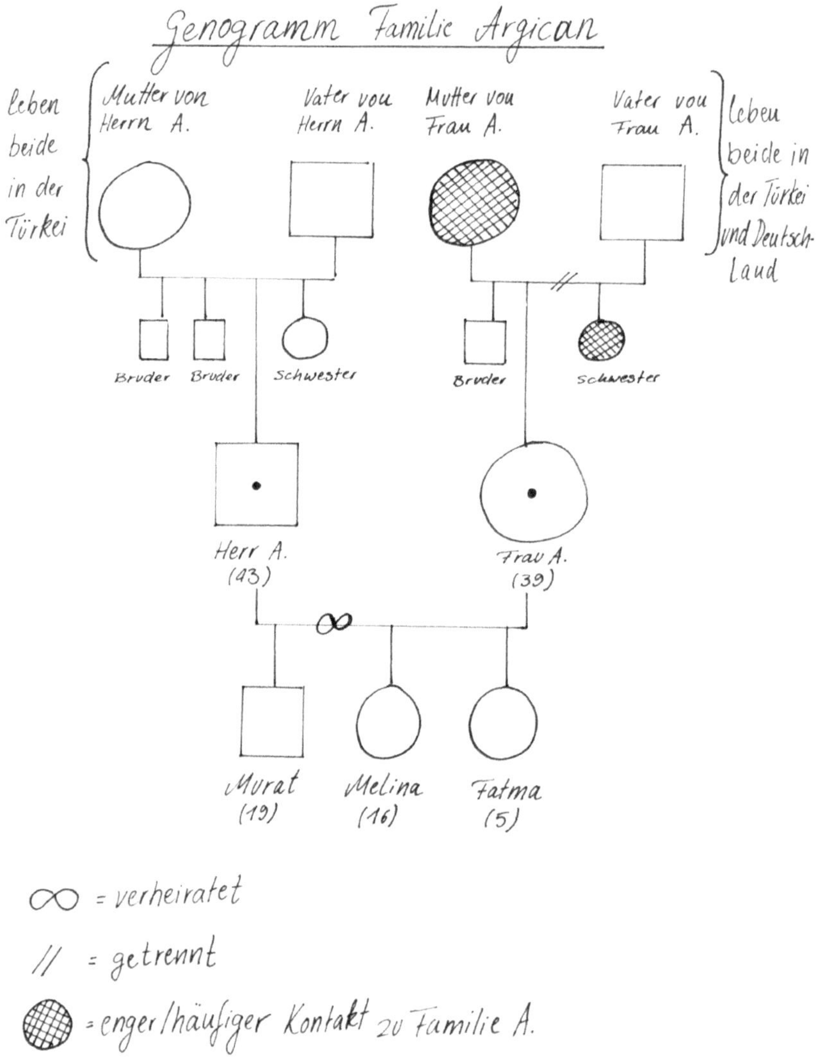

Abb. 2.1: Genogramm der Familie Argican

2.2.2 Schritt 2: Interviewdurchführung

Entweder im Anschluss an das Vorgespräch oder während eines Folgetreffens führen die Fachkräfte die Interviews durch. Wie schon erwähnt, werden die Interviews in der Regel mit den Elternteilen, den Jugendlichen oder Kindern einzeln durchgeführt. Sie basieren auf einem Leitfaden (einen für die Eltern und einen für die Jugendlichen und Kinder). Nach meinen Erfahrungen kann man mit Kindern ab dem 10. Lebensjahr ein Interview führen.

Die Leitfäden finden Sie im Anhang A sowie als Online-Material. Wie sie dort erkennen können, sind diese thematisch aufgebaut. Im Fokus der Elterninterviews stehen folgende Themen: aktuelle Familiensituation, Biografie, Familienalltag, Selbstbild, Belastungen, Kindererziehung, Hauptschwierigkeiten und Erwartungen an Helfersysteme. Der Interviewleitfaden ist so aufgebaut, dass er standardisierte Fragen enthält und Stichworte, die, falls sie nicht thematisiert wurden, als Fragen formuliert werden können.

Die Interviews mit den Jugendlichen enthalten folgende Schwerpunkte: Tagesablauf, Interessen, Körpererfahrungen, Familie und Verwandtschaft, Biografie, Freunde, Erfahrungen mit Schule/Ausbildung und Jugendhilfe, Zukunftswünsche und Selbstbild. Die Interviews werden sowohl bei den Eltern als auch bei den Jugendlichen mit der Frage abgeschlossen: „Wenn Sie drei Wünsche frei hätten, was würden Sie sich wünschen?“ Für die Gesprächsführung gibt es eine Regel, die mit den Interviewten zu Beginn des Interviews ausgemacht wird: Sie müssen nicht alles beantworten.

Grundregel 6 der Sozialpädagogischen Diagnose
Interviewregel: Die Interviewten brauchen nur die Fragen beantworten, die sie auch tatsächlich beantworten wollen und können.

Der Interviewleitfaden muss nicht Frage für Frage abgearbeitet werden. Viele Fragen aus dem Leitfaden werden zum Teil erst gar nicht gestellt, da sie die Interviewten schon von selbst beantwortet haben.

Das Interview sollte eher den Charakter eines Gesprächs haben. Der Leitfaden kann zwischendurch herangezogen werden, um zu überprüfen, ob wichtige Fragen noch anstehen. Die Interviews werden aufgezeichnet (Audioaufnahme). Sie dauern bei den Eltern in der Regel eine bis eineinhalb Stunden, bei den Jugendlichen dreißig bis sechzig Minuten.

Übung 2.2
Studieren Sie die Interviewleitfäden im Anhang A gründlich.

2.2.3 Schritt 3: Auswertung der Interviews im Team

Im nächsten Schritt werden die wichtigsten Inhalte der Interviews protokolliert und interpretiert. Dies erfolgt im Rahmen einer kollegialen Fallberatung des fallzuständigen Fachteams. Die Fallberatung besteht aus zwei Phasen: der schriftlichen Dokumentation der wesentlichen Inhalte der Interviews und der Hypothesenbildung im Sinne einer fachlichen Einschätzung.

Zusammenfassung der Interviews
Die Vorgehensweise bei den Interviews beginnt damit, dass das Team die Tonaufnahme der Interviews gemeinsam abhört. Zunächst werden die wichtigsten Inhalte wiedergegeben, entweder in Stichworten oder bei sehr wichtigen Stellen in Form von kurzen Zitaten. Die Dokumentation erfolgt nach festgelegten Kategorien (siehe Tab. 2.1, Tab. 2.2 und die darauffolgende Interviewdokumentation in Beispiel 2.2). Nach einigen Minuten wird das Band gestoppt und die wichtigsten Mitteilungen auf drei Flipchart-Bögen festgehalten:

1. *Aktuell relevante Belastungen der Familienmitglieder:* Dazu zählen ausschließlich die, die von den Interviewten direkt oder indirekt selbst als solche beschrieben werden.

2. *Subjektiver Hilfeplan:* Diese Kategorie umfasst die Mitteilungen, in denen die Interviewten selbst Perspektiven oder Möglichkeiten benennen, die zu einer Verbesserung der Lebenssituation beitragen könnten.
3. *Ressourcen:* Dieser Flipchart enthält Informationen zu Personen oder eigenen Kompetenzen, die im Hinblick auf die Familienmitglieder oder -situation unterstützend wirken.

Hinweis
Unter subjektivem Hilfeplan sind die Vorstellungen der Eltern zu verstehen, die sie im Hinblick auf die Bewältigung ihrer Belastungen entwickelt haben. Unseren Studien zufolge (Cinkl & Uhlendorff 2021) reflektieren Eltern nicht nur ihre familiären Problemlagen und Konflikte, sondern entwerfen zum Teil auch sehr konkrete Konzepte im Hinblick auf die Verbesserung ihrer Alltagssituation, im Sinne eines besseren Familienlebens.

Der Begriff Ressource ist ein Begriff, der weniger im alltäglichen Sprachgebrauch, sondern überwiegend von Professionellen unterschiedlicher Disziplinen gebraucht wird. Er meint daher ganz Unterschiedliches. In der Sozialpädagogik versteht man unter Ressourcen Potenziale, die eine Person nutzt oder mobilisieren könnte, um Herausforderungen ihres Leben zu bewältigen. Ein Ziel des Sozialpädagogischen Fallverstehens besteht nicht nur darin, die Ressourcen eines*einer Klient*in zu erfassen, sondern im Zusammenwirken mit ihm*ihr neue Ressourcen zu erschließen oder schon bestehende zu stärken, um Lebenssituationen zu verbessern. Im Hinblick auf die genaue Analyse lassen sich folgende Dimensionen heranziehen:

- Personale Ressourcen (Interessen, Bildung, Sprachfähigkeit, Gesundheit, Begabungen etc.)
- Familiale Ressourcen (Familienzusammenhalt, Verwandte, bewältigte Schicksalsschläge, Familientradition und -geschichte etc.)
- Soziale Ressourcen (Freunde, Nachbarn, Bekannte etc.)

- Materielle Ressourcen (Einkommen, Vermögen, Wohnung, Garten etc.)
- Sozialräumliche Ressourcen (Vereine, Initiativen, Erholungsmöglichkeiten im Nahraum)
- Professionelle Helfer*innen, Institutionen

Grundregel 7 der Sozialpädagogischen Diagnose

Bei der Zusammenfassung der Interviews werden Interpretationen durch die Fachkräfte vermieden. Die Dokumentation erfolgt möglichst dicht an der Sprache der Interviewten. Bei der Beschreibung der Ressourcen können, da es sich um eine abstrakte Kategorie handelt, die Einschätzungen des Teams einfließen.

Am Ende des Interviews werden die Mitteilungen zu den restlichen zehn Kategorien gemeinsam zusammengetragen und stichwortartig festgehalten (digital oder analog auf DIN-A4 Papier). Im Wesentlichen geht es dabei darum, die Interviewmitteilungen, ohne Deutungen durch das Team, möglichst in der Sprache der Klient*innen wiederzugeben. Tabelle 2.1 und 2.2 zeigen die Auswertungskategorien der Interviews mit Eltern und Jugendlichen. Dabei erfolgt die Dokumentation bei den unterstrichenen Kategorien über Flipchart bzw. Plakat und bei den restlichen Kategorien auf DIN-A4-Papier oder digital.

1. Biografische Erfahrungen und Familiengeschichte
2. Sozioökonomische Rahmenbedingungen
3. Erfahrungen mit öffentlichen Institutionen
4. Einbindung in informelle Unterstützungs- und Helfersysteme
5. Aktuell relevante Belastungen der Familienmitglieder
6. Familiäre Arbeitsteilung
7. Familiäre Zeitstruktur
8. Kindererziehung
9. Selbstbilder und Personenentwürfe
10. Familiäre Interaktionserfahrungen, Fürsorgemuster, Bindungen
11. Partnerschaftskonzepte
12. Subjektiver Hilfeplan
13. Ressourcen

Tab 2.1: Auswertungskategorien der Interviews mit Eltern

1. Erfahrungen und Familiengeschichte
2. Erfahrungen mit Gleichaltrigen
3. Erfahrungen mit Schule/Ausbildung und öffentlichen Institutionen
4. Erfahrungen mit Jugendhilfe
5. Interessen und Körpererfahrungen
6. Normative Orientierungen
7. Zeitschemata
8. Selbstentwurf
9. Ressourcen

Tab. 2.2: Auswertungskategorien der Interviews mit Jugendlichen

Das folgende Beispiel zeigt Ausschnitte aus der Dokumentation der Interviews von Frau Argican, Herrn Argican und Melina.

Beispiel 2.2 Sozialpädagogische Diagnose der Familie Argican (Dokumentation der Interviews)

Frau Argican – Belastungen. Sie hat Angst, dass Melina nicht wieder zurückkommt und für immer im Heim bleibt. Die Nachricht, dass Melina im Heim ist, traf sie unerwartet. „Wir haben gedacht, immer so glückliche Familie, wir verstehen uns immer ... auf einmal war Melina weg.“ Sie habe sich in letzter Zeit sehr oft mit ihr gestritten. Der Streit habe sich zugespitzt, als Melina ihre jüngere Schwester geschlagen habe: „Ich war am Platzen so ... da hab ich ihr eine gescheuert.“ Sie ärgere sich darüber, dass Melina dem Jugendamt nicht die Wahrheit sage: „Melina, du hast gesagt, dass ich dich geschlagen habe, warum hast du gelogen?“ Es sei nur eine Ohrfeige gewesen, „nur deshalb ist sie von zu Hause weggelaufen.“ Sie habe erst jetzt erfahren, dass Melina kein Kopftuch tragen will. Aus Sicht von Frau Argican sei das kein Problem: „Im Islam gibt's keinen Zwang. Deine Keuschheit ist noch wichtiger so, deine Ehre so.“ Sie sei enttäuscht von Melina, dass sie ihr Angebot, etwas für sie zu nähen, abgelehnt habe.

Frau Argican ist mit der Arbeitsteilung im Haushalt unzufrieden. Sie wünscht sich von ihren älteren Kindern mehr Unterstützung.

Sie ist unzufrieden mit ihrem Mann: „Mein Mann ist ja kaum zu Hause, mit dem habe ich auch geschimpft, dass er sich nicht genug um die Kinder kümmert so, aber der Arme, was soll er machen? Entweder soll er arbeiten oder zu Hause bleiben. Beides geht ja nicht." Sie habe sich mit ihm gestritten, als Frau Argican ihrem Sohn ein Smartphone geschenkt habe (um eine gute Mama zu sein), ohne es mit ihrem Mann abzustimmen.

Frau Argican – Ressourcen. Große Wohnung, jedes Kind hat ein Zimmer, angenehmes Wohnumfeld mit guter Infrastruktur, mit Einkommen des Mannes zufrieden (selbstständiger Taxifahrer). Gut strukturierter Tagesablauf mit gemeinsamen Familienmahlzeiten.

Frau Argican wird von ihrer älteren Schwester, die in ihrer Nähe wohnt, viel unterstützt bei der Betreuung der jüngsten Tochter und bei der Erledigung von täglich anfallenden Aufgaben wie Kochen. In der Regel sehen sie sich alle zwei Tage. Außerdem hat Frau Argican einen älteren Bruder, mit dem Kontakt besteht.

Die Mutter von Frau Argican hat zwei Lebensmittelpunkte: Deutschland und die Türkei. Wenn sie sich in Deutschland aufhält, unterstützt sie Frau Argican (kümmert sich auch viel um ihr jüngstes Enkelkind). Zu ihrem Vater – ihre Eltern sind seit 18 Jahren getrennt – besteht ein guter, jedoch im Vergleich zur Mutter geringerer Kontakt.

Die Selbstständigkeit von Herrn Argican lässt teilweise zeitliche Flexibilität zu, sodass er zum Mittagessen zu Hause ist. Das Verhältnis zu ihrem Mann ist gut: „Wir brauchen uns nur anzusehen und dann wissen wir schon, was einer von dem anderen will." Er ist sehr fürsorglich und verlässlich.

Frau Argican – Subjektiver Hilfeplan. Frau Argican wünscht sich in der Zukunft ein Ferienhaus in der Türkei am Meer, wo sie mit ihrer Familie möglichst oft sein will.

Ihr Mann soll weniger arbeiten und sich mehr um die Kinder kümmern.

Von ihren Kindern wünscht sich Frau Argican mehr Unterstützung im Haushalt und, dass sich ihre Kinder weniger mit Medien wie Computer oder Smartphone beschäftigen.

Für die nahe Zukunft wünscht sie sich einen respektvolleren Umgang zwischen ihr und ihrer Tochter und ein Verhältnis, das weniger von Auseinandersetzungen und Konflikten geprägt ist.

Herr Argican – Belastungen. Ist selbstständig und hat einen Taxibetrieb, der gut läuft. Allerdings muss er für seine Mitarbeiter oft einspringen, wenn sie Urlaub haben oder krank sind: „Dann muss ich Wochenend- und Nachtschichten übernehmen. Dann habe ich wenig Zeit für meine Familie.“ Das sei Grund zum Streit mit seiner Frau: „Sie fühlt sich überlastet und schreit manchmal die Kinder an.“ Es ist ihm sehr wichtig, am Sonntagmorgen mit seiner Familie gemeinsam zu frühstücken, „das klappt aber oft nicht, da meine Kinder nicht aus dem Bett kommen.“

Melina – Erfahrungen mit Familie und Verwandtschaft. „Ich verstehe mich mit meiner Mutter nicht gut. Sie verbietet viel, ich muss um 19:00 Uhr zu Hause sein; meine Freundinnen dürfen länger im Jugendzentrum bleiben und ich nicht, das finde ich nicht gut. Ich soll Kopftuch tragen und das finde ich blöd; ich bin auch ohne Kopftuch eine gute Muslimin.“

„Meine Mutter meint, ich hätte was mit Jungen, was nicht stimmt. Sie hat kein Vertrauen, obwohl ich ihr 1 000 Mal gesagt habe, dass ich mich nur mit meinen Freundinnen treffe. Es ärgert mich, dass sie sich die ganze Zeit mit meiner kleinen Schwester beschäftigt und mich nicht fragt, wie es mir geht. Sie kommandiert viel rum und schreit mich oft an; ich wollte ihr sagen, wie lieb ich sie habe und in den Arm genommen werden, aber sie hatte nur das Kochen im Kopf. Es ärgert mich, dass mein Bruder ein Smartphone bekommen hat, obwohl er in der Schule so schlecht ist. Ich habe nur gute Zensuren und habe kein Handy. Das ist ungerecht. Sie hat mich geschlagen, weil ich angeblich meine Schwester getreten habe, was nicht stimmt. Ich will mit meiner Mutter nicht mehr reden, bis sie sich dafür entschuldigt hat.“

„Mit meinem Papa versteh ich mich gut, er liebt mich sehr. Wir machen oft viel Spaß zusammen. Ich möchte bald den Führerschein und den Taxischein machen und ihm helfen. Mit dem Geld will ich mein Studium bezahlen und meine Oma in der Türkei besuchen, wann ich will."

Melina – Erfahrungen mit Gleichaltrigen. „Ich habe drei Freundinnen, zwei Türkinnen und eine Deutsche. Wir treffen uns im Jugendzentrum und sonst auch viel. Ich kann mit denen über alles reden, die helfen mir auch, wenn ich Probleme habe. Ich finde gut, dass es denen egal ist, ob man Kopftuch trägt oder nicht und ob man religiös ist. Mir ist in Freundschaften wichtig, dass man über alles reden kann und Vertrauen und so. Ich mag keine zickigen Mädchen, viele in meiner Klasse sind so eingebildet. Meine Freundinnen sind mir wichtiger als Jungen. Ich schlage mich mit Jungen, wenn die mich beleidigen."

Melina – Erfahrungen mit Schule und Ausbildung. „Ich verstehe mich mit allen Lehrern gut. Die loben mich viel und das ist mir wichtig. Meine Klassenlehrerin ist super nett, die versteht viel Spaß. Ich bin in allen Fächern gut. Physik, Geschichte und Sport machen mir am meisten Spaß. Ich will später mal Jura studieren und Richterin werden."

Melina – Interessen, Körpererfahrungen. „Mir macht Sport in der Schule viel Spaß, besonders Handball. Ich kann mich körperlich gegen andere durchsetzen, wenn es darauf ankommt. Ich kämpfe gern mit anderen (aber möglichst nach Regeln). Im Jugendzentrum wurde mal ein Fechtkurs angeboten, da habe ich mitgemacht und das hat mir viel Spaß gemacht. Ich möchte gern in einen Fechtverein, aber meine Mama ist dagegen."

Interpretation (Formulierung von Konflikt- und Lebensthemen)

Sind die Interviews dokumentiert, erfolgt die Interpretation. Das heißt, es werden Hypothesen hinsichtlich der Konfliktthemen (der Eltern) bzw. Lebensthemen und Entwicklungsaufgaben (der Jugendlichen) – im Sinne empirisch am Interviewmaterial begründeter Vermutungen – gebildet. Es gilt im Sinne der Lebensweltorientierung auszuloten, mit welchen Themen sich die Jugendlichen bzw. Eltern *aktuell* beschäftigen, die mit Konflikten und Herausforderungen verbunden sind. Fachkräfte neigen gelegentlich dazu, bei der Interpretation von Lebenslagen von Eltern und Kindern Zuschreibungen zu verwenden. Das heißt sie verwenden Begriffe oder Theoreme von anderen Fachdisziplinen, die als Deutungsfolien angelegt werden, um Verhaltensweisen oder Situationen zu beurteilen, zum Beispiel „die*der Jugendliche hat ADHS" (Aufmerksamkeitsdefizit-/Hyperaktivitätsstörung) oder eine Oppositionelle Verhaltensstörung. Deutungen dieser Art kommen immer wieder vor, sind aber bei der Diagnose der Konflikt- und Lebensthemen unangebracht. Um Zuschreibungen zu vermeiden und die subjektive Sichtweise der Klient*innen zum Ausdruck zu bringen, verwenden die diagnostizierenden Fachkräfte Ich-Sätze. Auf Begriffe wie Verhaltensstörung sollte man verzichten, da sie zu Etikettierungen führen.

R

Grundregel 8 der Sozialpädagogischen Diagnose

Die Sozialpädagogische Diagnose zielt im Sinne der Lebensweltorientierung darauf ab, die subjektiven Problemkonstruktionen (Konflikt- und Lebensthemen) der Eltern und Jugendlichen zu ergründen und als vorläufige (Arbeits-)Hypothesen zu formulieren. Dabei sind Zuschreibungen zu unterlassen.

Übung 2.3

Analysieren Sie die Interviewdokumentation in Beispiel 2.2 von Melina, Herrn und Frau Argican. Versuchen Sie die Lebensthemen von Melina sowie die Konfliktthemen von Frau Argican und Herrn Argican in Form von Ich-Sätzen zu formulieren (maximal vier pro Person). Vergleichen Sie die Ergebnisse mit denen des Fachteams (S. ####).

Die Phase der Interpretation wird mit einer kurzen fachlichen Einschätzung der Konflikt- bzw. Lebensthemen abgeschlossen. Bei den Eltern steht dabei die Frage im Mittelpunkt, was sie lernen oder verändern müssen, um ihre Konfliktthemen zu bewältigen. Bei der Einschätzung der Lebensthemen der Jugendlichen geht es um die Frage: „Vor welchen Entwicklungsaufgaben steht der oder die Jugendliche aktuell?"

Das Entwicklungsaufgabenkonzept, welches auf den Erziehungswissenschaftler Robert James Havighurst zurückgeht, ist für Diagnose und Erziehungsplanung besonders geeignet, weil es Bezug auf das nimmt, worum es in sozialpädagogischen Kontexten geht: Erziehungs- und Entwicklungsprozesse.

Definition 2.4

„Unter Entwicklungsaufgaben versteht man seit Havighurst [...] die Aufgaben, die sich im Lebenslauf eines Menschen in einem gegebenen gesellschaftlichen Kontext zwingend stellen. Diese Konzeption ist in ihrer Anwendung auf die Jugendphase erziehungswissenschaftlich aus mehreren Gründen besonders fruchtbar. Sie hebt darauf ab, dass Jugendliche selbst Aufgaben lösen müssen. Sie berücksichtigt dabei innere Reifungsprozesse und die Phase der Entwicklung, das heißt eine biologisch begründete und gesellschaftlich überformte Aufeinanderfolge. Sie berücksichtigt gleichzeitig, dass gesellschaftliche und erzieherische Arrangements und Verhaltensweisen die jeweilige Aufgabenlösung behindern oder befördern können. Und sie hat zuletzt einen deutlichen Zukunftsbezug." (Oswald 1994, S. 391)

Havighurst ging davon aus, dass es neben individuellen oder gruppenspezifischen auch allgemeine, kulturübergreifende Entwicklungsaufgaben gibt, von deren Bewältigung eine gelungene Sozialisation abhängt. In pädagogischen Kontexten kann von (allgemeinen) Entwicklungsaufgaben gesprochen werden, wenn drei Faktoren zusammentreffen (Oswald 1994, S. 390 ff.):

- Das Bemühen der älteren Generation, bestimmte gesellschaftliche Anforderungen, gewisse kulturelle Fähigkeiten der jüngeren Generation als normative Entwicklungserwartungen zu vermitteln.
- Das Bemühen der Heranwachsenden, die Erwartungen der älteren Generation als subjektiv bedeutsam aufzugreifen und die Kompetenzen selbst zu erlangen.
- Eine „sensible Periode", während der aufgrund des körperlichen und seelisch-geistigen Entwicklungsstands die Voraussetzungen gegeben sind, die Entwicklungserwartungen zu erfüllen.

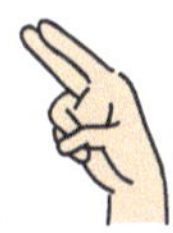

H

Hinweis
Eine detaillierte Übersicht über relevante Entwicklungsaufgaben, mit denen Kinder, Jugendliche und junge Volljährige im Alter von 10 bis 21 Jahren konfrontiert sind, finden Sie in Uhlendorff 2010, S. 124–127.

Mit der Formulierung der Lern- und Veränderungsaufgaben (der Eltern) bzw. Entwicklungsaufgaben (der Jugendlichen) wird zugleich eine wichtige Aufgabe von Diagnosen erfüllt: Die Formulierung einer Prognose.

R

Grundregel 9 der Sozialpädagogischen Diagnose
Die Sozialpädagogische Diagnose beinhaltet eine fachliche Einschätzung im Sinn einer Prognose. Was müssen die Eltern lernen oder tun, damit sie die Familienkonflikte längerfristig lösen können? Was muss der oder die Jugendliche im Sinne einer Entwicklungsaufgabe bewältigen, um in ihrer bzw. seiner Entwicklung voranzukommen?

In Beispiel 2.3 sind die Konfliktthemen der Eltern und die Lebensthemen von Melina zusammengestellt. Am Ende befindet sich eine kurze fachliche Einschätzung des Fachteams. In der Praxis werden dafür Flipcharts verwendet.

Beispiel 2.3 Sozialpädagogische Diagnose der Familie Argican (Konflikt- und Lebensthemen – fachliche Einschätzung)

Frau Argican – Konflikthemen

- Melina wünscht sich mehr Freiraum, aber ich will sie schützen und mache mir Sorgen, dass sie auf die schiefe Bahn kommt. Kann ich ihr vertrauen?
- Einerseits habe ich Verständnis, dass mein Mann viel arbeiten muss, andererseits möchte ich, dass er sich mehr um die Kinder kümmert.
- Eigentlich möchte ich, dass meine Kinder mir im Haushalt helfen, aber ich verwöhne sie zu sehr, um eine gute Mama zu sein.
- Ich möchte, dass meine Kinder mir in meiner Rolle als Mutter mehr Respekt zeigen, aber das funktioniert nicht, weil ich ihnen gegenüber oft inkonsequent bin.

Herr Argican – Konfliktthemen

- Ich bin mit meiner beruflichen Tätigkeit nur bedingt zufrieden: Als selbstständiger Unternehmer muss ich auch am Wochenende arbeiten und habe dadurch weniger Zeit für meine Familie, als ich mir das wünsche.
- Ich kritisiere meine Frau, dass sie die Kinder häufig anschreit, sie kritisiert mich, dass ich zu wenig Zeit mit den Kindern verbringe.
- Ich möchte, dass wir an den Wochenenden, wenn ich nicht arbeiten muss, gemeinsam mit allen frühstücke. Aber das klappt oft nicht, weil meine Kinder nicht aus dem Bett kommen.

Melina – Lebensthemen

- Ich möchte, dass meine Mutter mir vertraut, mich so akzeptiert, wie ich bin, und von ihr in den Arm genommen werden.
- Ich möchte später mal studieren und Richterin werden, ich kann mir nicht vorstellen Hausfrau zu sein (so wie meine Mutter).
- Ich möchte Richterin werden, weil ich mich für eine gerechte Gesellschaft einsetzen will.

- Ich bin jemand, der sich durchsetzen kann (auch körperlich), aber mir manchmal damit Probleme mit Gleichaltrigen einhandle.

Fachliche Einschätzung

- Melina steht vor der Entwicklungsaufgabe, ihre Interessen und Wünsche innerhalb ihrer sozialen Kontexte (insbesondere in der Familie) sprachlich zu vermitteln und mit denen von anderen wechselseitig abzustimmen. Sie steht vor der Aufgabe, ihr Interesse an kämpferischen Körperinteraktionen auf eine sozial verträgliche Weise auszuleben.
- Frau Argican steht vor der Aufgabe, auf die Wünsche und Bedürfnisse ihrer (älteren) Kinder einzugehen und mit ihnen altersgemäße Freiräume und Grenzen auszuhandeln. Auf diese Art und Weise lernen sie und ihre Kinder sich gegenseitig zu respektieren.
- Frau und Herr Argican stehen vor der Aufgabe, sich darüber einig zu werden, welche Mithilfe sie von ihren Kindern im Haushalt erwarten und wie sie dies ihren Kindern sozial vermitteln.
- Die gesamte Familie steht vor der Aufgabe, einen Alltags- bzw. Wochenendrhythmus abzustimmen, der in Anbetracht der beruflichen Pflichten von Herrn Argican gemeinsam (und von allen als anregend) erlebte Familienzeiten ermöglicht.

2.2.4 Schritt 4: Rückmeldung der Ergebnisse der Diagnose an die Familie und Entwicklung einer Aufgabenstellung

Das Rückmeldegespräch, das im Rahmen der Sozialpädagogischen Diagnose mit der Familie stattfindet, hat zwei Ziele.

1. Es wird gemeinsam mit den Eltern und Jugendlichen überprüft, ob die Konflikt- und Lebensthemen, wie sie vom Fachteam formuliert wurden, von den Klient*innen geteilt werden und ob noch wichtige Themen und Informationen auf den Flipcharts fehlen. Ist dies der Fall, werden die Flipcharts entsprechend verändert und ergänzt.

Letzteres kommt in der Praxis gelegentlich vor, insbesondere dann, wenn in einer Familie mehrere Interviews durchgeführt wurden. Der zeitliche Abstand zwischen Interviewdurchführung und Rückmeldung kann sich über mehrere Wochen hinziehen, sodass sich manchmal die familiäre Situation leicht verändert hat. Dies war zum Beispiel bei der Familie Argican der Fall: Hier wurde zunächst mit Melina eine Diagnose (einschließlich Rückmeldegespräch) durchgeführt. Die Interviews mit Herrn und Frau Argican erfolgten erst danach. Als das Rückmeldegespräch mit Herrn und Frau Argican stattfand, lebte Melina schon wieder in ihrer Familie.
2. Das Rückmeldegespräch zielt darauf ab, gemeinsam mit den Jugendlichen bzw. den Eltern einen Aktionsplan zu erstellen, um die Konfliktthemen bzw. Lebensthemen zu bearbeiten und die Lebenssituation nachhaltig zu verbessern bzw. Entwicklungsprozesse voranzubringen. Bei den Jugendlichen erfolgt dies in Form einer sozialpädagogischen Aufgabenstellung, die an ein oder mehrere Lebensthemen anknüpft. Mit den Eltern wird gemeinsam ein Zielplakat erstellt.

Im Folgenden soll die Vorgehensweise des Rückmeldegesprächs erläutert werden: Wenn Interviews mit Eltern (bei Patchworkfamilien sind neben den leiblichen auch die sozialen Elternteile miteinbezogen) und Jugendlichen erfolgreich durchgeführt werden konnten, erfolgt die Rückmeldung idealerweise dreistufig, das heißt (1) mit den Jugendlichen ohne die Anwesenheit der Eltern, (2) mit den Eltern (nach Möglichkeit einzeln und ohne Anwesenheit der Jugendlichen) und schließlich (3) im gemeinsamen Gespräch mit der gesamten Familie. Der Grund dafür ist, dass wir es bei Familien mit einem komplexen Interaktionssystem zu tun haben. In der Erziehungswissenschaft und der Familiensoziologie unterscheidet man generell drei Teilsysteme (Uhlendorff, Euteneuer & Sabla 2013, S. 62 f.):

- *Das Eltern-Kind-System:* Dieses System umfasst die Interaktion zwischen Eltern und Kindern, zum Beispiel die Sorge der Eltern um das leibliche Wohl der Kinder und um deren Erziehung sowie die emotionale Zuwendung. Es ist gekennzeichnet durch Asymmetrien, das heißt, Kinder sind von Eltern abhängig.

- *Das Elternsystem:* Die Erwachsenen als Teilsystem müssen sich zum Beispiel im Hinblick auf die Aufgabenverteilung im Haushalt und die Kindererziehung (Erziehungsorientierung und -ziele) einigen, Fragen der Erwerbsarbeit klären sowie die familiale Zeit mit den zeitlichen Erwartungen außerfamiliärer Institutionen (Schule, Jugendhilfe, Erwerbsarbeit) in Einklang bringen. Die Beziehung der Erwachsenen ist ebenso durch gegenseitige Sorge geprägt. In der Partnerschaft werden emotionale, sexuelle und materielle Bedürfnisse befriedigt. Im Unterschied zum ersten System ist dieses potenziell symmetrisch ausgerichtet.
- *Das Kindersystem:* Dazu zählen die Geschwister, aber auch die gleichaltrigen Freunde, die teils am Familienleben teilnehmen. Es ist ähnlich wie das Elternsystem relativ eigenständig und bildet eigene Regeln und Interaktionsmuster aus. Neben der Eltern-Kind-Interaktion ist die Gleichaltrigen-Interaktion eine wichtige Sozialisationsinstanz.

Diese drei Teilsysteme spiegeln sich auch in den Konflikt- und Lebensthemen der Eltern bzw. Jugendlichen wider. Es gibt Themen, die ausschließlich das Elternsystem, das Eltern-Kind- oder das Kindersystem betreffen. Da sie Gegenstand der Rückmeldegespräche sind, ist es ratsam, zumindest das Gespräch mit den Jugendlichen und Eltern getrennt durchzuführen.

Übung 2.4

Analysieren Sie die Konflikt- und Lebensthemen von Melina sowie von Herrn und Frau Argican. An wen (als Interaktionspartner*in) innerhalb der Familie sind sie in erster Linie adressiert? Ordnen Sie die Themen den drei Teilsystemen zu. Doppelzuordnungen sind möglich.

Das Rückmeldegespräch, das die Fachkraft oder gelegentlich auch zwei Fachkräfte mit den Jugendlichen durchführen, sollte in einem Raum stattfinden, in dem es keine Störungen gibt. Nach Möglichkeit können die Jugendlichen selbst den Ort wählen: Dies kann zum Beispiel das eigene Zimmer oder ein Besprechungsraum in der Wohngruppe, im Jugendamt bzw. in der Beratungsstelle sein. Ihnen werden im Vorfeld Sinn und Zweck des Gesprächs erläutert (siehe Ziele 1 und 2 des Rückmeldegesprächs weiter oben). Die Fachkraft hängt die Plakate auf, sie stellt die Inhalte vor und erläutert die Lebensthemen. Anschließend fragt sie: „Haben wir dich richtig verstanden?“ Sie bietet dem oder der Jugendlichen an, Veränderungen, Ergänzungen und Streichungen mit einem andersfarbigen Filzstift vorzunehmen. Sind die Themen schließlich so formuliert, dass sie auf das volle Einverständnis des oder der Jugendlichen stoßen, fragt die Fachkraft: „Welche der Lebensthemen liegen dir am meisten auf der Seele?“ Nach dem „Ranking“ konzentriert sich das Gespräch auf die wichtigsten Lebensthemen: Die Frage lautet: „Was kannst du tun, damit deine Lebensthemen in Erfüllung gehen?“ Oder bei belastenden Themen: „Was kannst du tun, damit dich dieses Thema nicht mehr so belastet?“ Wichtig ist, dass die Jugendlichen in einen Aktivitätszustand geführt werden, in welchem sie für ihre Themen selbstverantwortlich Lösungen suchen. In der Praxis bieten wir, falls Jugendliche ins Stocken geraten, Ideen an. Der oder die Jugendliche wird angehalten, die Aufgabenstellung bzw. Lösung auf einen Flipchart-Bogen zu schreiben. Anschließend wird gefragt: „Wünschst du dir Unterstützung bei der Umsetzung?“ Wenn ja: „Wie kann die aussehen und wer kann dir dabei helfen?“ Die sozialpädagogische Aufgabenstellung, die Frau Demir (die Betreuerin von Melina) gemeinsam mit Melina erarbeitet hat, zeigt die Abbildung 2.2 (nächste Seite).

Das Rückmeldegespräch mit den Eltern (leiblichen bzw. sozialen) erfolgt ähnlich. Allerdings wird hier im Fachteam und gemeinsam mit den Eltern vereinbart, ob an dem Gespräch beide Elternteile teilnehmen oder jeweils nur ein Teil. Gelegentlich sind die Konflikte im Elternsystem so intensiv, dass es ratsam ist, Rückmeldungen einzeln zu geben. Manchmal haben wir es mit Familien mit multipler Elternschaft zu tun,

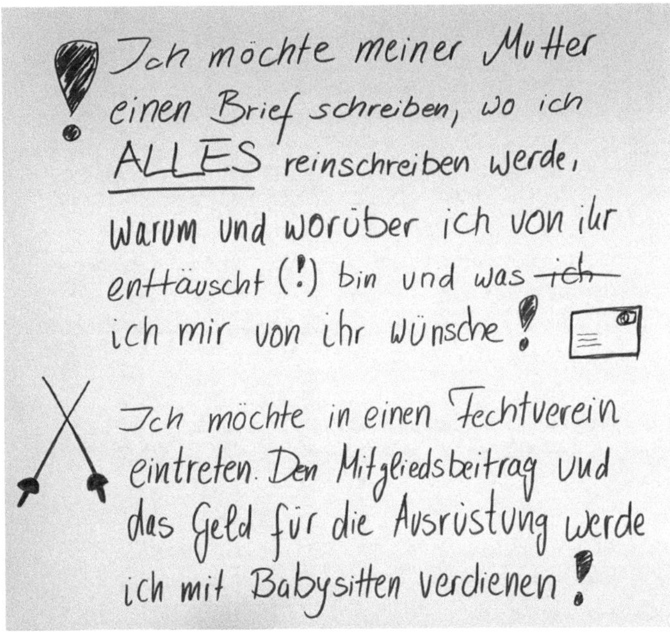

Abb. 2.2: Plakat mit der Aufgabenstellung – Melina

das heißt ein Kind wird zum Beispiel von den beiden leiblichen Elternteilen, die getrennt leben, und den neuen Partner*innen erzogen. Die multiple Elternschaft ist manchmal mit erheblichen Spannungen behaftet. Auch hier empfiehlt es sich, die Gespräche einzeln zu führen. In den meisten Fällen, in denen die Konflikte im Elternsystem überschaubar sind und „alle an einem Strang ziehen“, wünschen sich die Eltern ein gemeinsames Rückmeldegespräch. Auch hier wird mit Verweis auf die Flipchart-Bögen gefragt: „Haben wir Sie richtig verstanden?“ und „Möchten Sie etwas hinzufügen, verändern oder streichen?“ Die letzte Phase des Gesprächs richtet sich auf die Erstellung eines Zielplakates. Ähnlich wie bei der Erstellung der Aufgabenstellung mit den Jugendlichen bemüht sich die Fachkraft, die Eltern in einen Aktivitätszustand zu führen, um selbstständig Ziele zu formulieren, mit denen sie sich identifizieren können. Die Ziele werden von den Elternteilen, einzeln oder gemeinsam, auf dem Flipchart-Bogen formuliert. Hier ist es wichtig, durch entsprechende Nachfragen zu erwirken, dass die Ziele

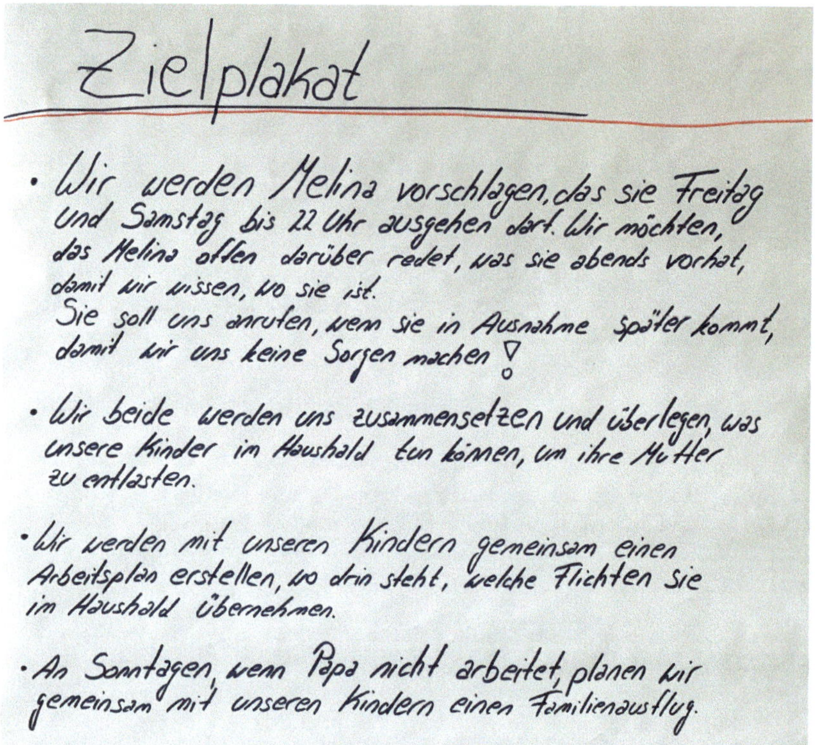

Zielplakat

- Wir werden Melina vorschlagen, das sie Freitag und Samstag bis 22 Uhr ausgehen darf. Wir möchten, das Melina offen darüber redet, was sie abends vorhat, damit wir wissen, wo sie ist.
  Sie soll uns anrufen, wenn sie in Ausnahme später kommt, damit wir uns keine Sorgen machen!
- Wir beide werden uns zusammensetzen und überlegen, was unsere Kinder im Haushald tun können, um ihre Mutter zu entlasten.
- Wir werden mit unseren Kindern gemeinsam einen Arbeitsplan erstellen, wo drin steht, welche Flichten sie im Haushald übernehmen.
- An Sonntagen, wenn Papa nicht arbeitet, planen wir gemeinsam mit unseren Kindern einen Familienausflug.

Abb. 2.3: Zielplakat von Herrn und Frau Argican

möglichst konkret formuliert werden. Das Zielplakat, das Frau Demir und Herr Fitzner gemeinsam mit Frau und Herrn Argican erstellt haben, zeigt die Abbildung 2.3.

Hinweis

Die Qualität eines Zielplakats umfasst drei Qualitätsdimensionen:

1. *Eigenverantwortung/Selbstinitiierung:* Steht es in der Macht der Eltern, die aufgestellten Ziele zu realisieren oder handelt es sich um Wünsche oder Delegationen an Dritte?
2. *Leuchtfeuercharakter/Energielieferant:* Üben die aufgestellten Ziele einen Sog auf die Urheber*innen aus oder malen sie eher eine unattraktive Zukunft aus?

3. *Konkretisierungsgrad/Handlungsebene:* Werden die Ziele in konkreten, handlungsleitenden Verhaltensbeschreibungen übersetzt oder bleiben sie auf einer abstrakten „Wunschschloss-Ebene“ bestehen? (Euteneuer et al. 2020, S. 157)

Schließlich findet ein Familiengespräch statt, an dem alle Familienmitglieder teilnehmen. Die Jugendlichen und Eltern stellen dabei ihre Flipchart-Bögen, insbesondere die Plakate mit der Aufgabenstellung und den Zielen vor. Das Gespräch wird von einer sozialpädagogischen Fachkraft moderiert. Ziel des gemeinsamen Gesprächs ist es, dass die beteiligten Familienmitglieder auf diese Weise ihre Wünsche, Belastungen, Erwartungen und Themen im Familienkreis mitteilen können und umgekehrt die der anderen wahrnehmen. Die Fachkraft stellt anschließend die Frage, wie sie sich gegenseitig unterstützen können, um die Aufgaben bzw. Ziele umzusetzen. Im Sinne einer Familienkonferenz kann dabei ein gemeinsamer Aktionsplan entwickelt oder dies auf einen späteren Termin verschoben werden.

Die Plakate bleiben, nachdem sie von einer Fachkraft zu Dokumentationszwecken abfotografiert wurden, bei der Familie. Das Konzept der sozialpädagogischen Familiendiagnose sieht vor, dass die Familienmitglieder ihre Plakate zum Hilfeplangespräch mitnehmen und den Fachkräften des Jugendamtes vorstellen. In der Praxis kommt es häufig vor, dass die von den Jugendlichen und Eltern formulierten Aufgabenstellungen und Ziele in den Hilfeplan einfließen.

Die Beteiligung aller Elternteile bei der Diagnose erfolgt in der Praxis nicht immer. In der Jugendhilfe haben wir es oft mit Partialkooperationen zu tun, das heißt ein Elternteil ist zur Zusammenarbeit bereit, der andere nicht. Ein Grund dafür ist beispielsweise, dass Konflikte zwischen den Eltern so stark sind, dass sie im Hinblick auf die Erziehung nicht miteinander kooperieren und die Verantwortung und die Schuld für die Erziehungsprobleme dem oder der anderen zuschreiben. Die Praxis zeigt aber, dass bei einer Partialkooperation auch mit nur einem Elternteil produktive Zielplakate entwickelt werden können.

Beispiel 2.4 Familie Argican – Ergebnisse der Rückmeldegespräche

Das Rückmeldegespräch mit Melina fand in ihrem Zimmer in der Wohngruppe statt. Die Betreuerin Frau Demir, die mit ihr das Interview durchgeführt hat, stellte ihr die Flipcharts vor. Melina war dabei sehr bewegt und musste zwischendurch weinen, da sie, wie sie sagte, Heimweh habe. Als Ergänzung fügte sie hinzu, dass sie mit ihren Freundinnen rauchen würde und diesbezüglich ihre Eltern belogen habe. Den Vorschlag von Frau Demir, ein Gespräch mit der Mutter vorzubereiten, hat Melina abgelehnt. Stattdessen kam sie auf die Idee, ihrer Mutter einen Brief zu schreiben. Dabei, so ihr Wunsch, wolle sie von Frau Demir unterstützt werden. Weiterhin hat sie ihren Wunsch bekräftigt, einem Fechtverein beizutreten, allerdings hatte sie keine Vorstellung davon, dass dies relativ teuer ist. Ihre Betreuerin schlug ihr vor, das Geld durch Babysitten zu verdienen. Melina hat den Brief tatsächlich an ihre Mutter geschrieben. In der Folge haben sich Herr und Frau Argican bereiterklärt, ein Interview mit Frau Demir und Herrn Fitzner durchzuführen. In dem Vorgespräch mit den Eltern wurde nicht nur ein Genogramm erstellt, sondern auch die Mutter dabei unterstützt, ein Gespräch mit Melina vorzubereiten, in dem sie sich ihr gegenüber entschuldigt. Das Rückmeldegespräch mit den Eltern war ähnlich erfolgreich. Drei der Ziele wurden von den Eltern ohne Unterstützung der Fachkraft formuliert. Die Idee, einen Arbeitsplan mit den Kindern zu erstellen, stammte von der Betreuerin und wurde von den Eltern angenommen. An dem Familiengespräch nahmen alle drei Kinder und die Eltern teil. Die Ziele der Eltern, einen Arbeitsplan mit den Kindern zu erstellen und die Wochenendunternehmungen zu planen, wurden von den Kindern angenommen. Melina war mit dem Vorschlag der Eltern, im Hinblick auf die Ausgehzeiten, einverstanden. Das Zielplakat war Gegenstand des Hilfeplangesprächs, an dem Herr Kreutzer (Jugendamt), Melina, Herr und Frau Argican sowie Herr Fitzner und Frau Demir teilnahmen. Die Ziele flossen in den Hilfeplan ein. Es wurde, im Einvernehmen mit allen, eine sozialpädagogische Familienhilfe mit wöchentlich vier Fachleistungsstunden gewährt, die den Auftrag hatte, die im Zielplakat genannten Ziele in Zusammenarbeit mit der Familie umzusetzen. Die Hilfe war relativ erfolgreich und wurde nach drei Monaten beendet. Der Familie gelang es, einen gemeinsamen Arbeitsplan aufzustellen, die Spannungen zwischen Melina und ihrer Mutter durch moderierte Gespräche abzubauen und Melina dabei zu unterstützen, eine Familie für das Babysitten zu finden. Wir haben die Familie nach 16 Monaten besucht: Melina geht einmal die Woche fechten, sie steht kurz vor dem Abitur. Ihr älterer Bruder Murat hat ein Studium in Maschinenbau angefangen und wohnt noch bei der Familie. Beide helfen im Haushalt. Die Arbeitsbelastungen von Herrn Argican haben allerdings zugenommen. Die Familie macht selten gemeinsame Unternehmungen und konzentriert die gemeinsamen Familienaktivitäten auf die Mahlzeiten und die Organisation von Festen im größeren Familienkreis.

2.3 Exkurs: Machtverhältnisse in der Sozialen Arbeit

Machtverhältnisse zwischen Fachkräften der Sozialen Arbeit und Eltern bzw. Jugendlichen werden in der Praxis oft zu wenig reflektiert. Meist werden sie unbewusst reproduziert, und zwar von beiden Seiten. Dies geschieht nicht nur bei Hilfeplangesprächen, sondern auch in anderen Kontexten wie zum Beispiel Beratungsgesprächen (Kessl 2021). Insbesondere bei vermuteter oder nachgewiesener Kindeswohlgefährdung erleben Eltern asymmetrische Machtbeziehungen (vgl. Cinkl & Krause 2011, S. 225; Berghaus 2020). Aus ihrer Sicht schwebt über ihnen das Damoklesschwert der Herausnahme der Kinder, das sie in ein Kampfmuster versetzt („Wir machen alles richtig, aber das Jugendamt wirft uns vor, dass wir unserer Kinder schlecht erziehen!“). Es entstehen unproduktive Dynamiken, da Fachkräfte den Eltern mit Unverständnis bzw. Vorurteilen begegnen und Familiengerichte Maßnahmen (oft auf Empfehlung des Jugendamtes) unter Androhung von Herausnahme „anordnen“, wie zum Beispiel sozialpädagogische Familienhilfe oder die Unterbringung in einer Mutter-Vater-Kind Einrichtung. Die „vorgeschlagenen" Maßnahmen werden dann von den Eltern direkt zurückgewiesen oder zwar angenommen, aber indirekt abgelehnt. Unter diesen Bedingungen kann es zu keinem produktiven Arbeitsbündnis kommen. Im Gegenteil, das Kampfmuster (Euteneuer et al. 2020) der Eltern verhärtet sich. Dass Eltern die Interaktionen der Fachkräfte des Jugendamts oft als „Willkür" erleben, zeigen verschiedenen Untersuchungen (Cinkl & Krause 2011; Euteneuer & Uhlendorff 2020). In den konstruktivistischen und dienstleistungsorientierten Theorien der Sozialen Arbeit werden die Machtdynamiken zu wenig thematisiert (z. B. bei Cooper 2001). Auch im Fachdiskurs zur Hilfeplanung wird der Aushandlungscharakter der Hilfeplanung betont (z. B. Merchel 1995), aber zu wenig auf das Problem asymmetrischer Machtbalancen eingegangen. So sollen Fachkräfte mit den Klient*innen im Hilfeplangespräch den erzieherischen Bedarf und die Angebote/Leistungen der Kinder- und Jugendhilfe gemeinsam verhandeln; allerdings wird dabei zu wenig zur Kenntnis genommen, dass die von Fachleuten geforderte gleiche Augenhöhe zwischen den Klient*innen erst hergestellt werden muss, bevor die Beteiligten gleichberechtigt verhandeln können (Cinkl & Uhlendorff 2021, S. 176).

Der Aushandlungscharakter von Hilfen ist bei Kindeswohlgefährdung besonders schwierig. Eine Voraussetzung dafür ist, dass die Fachkräfte bei vermuteter oder nachgewiesener Kindeswohlgefährdung den Eltern unvoreingenommen begegnen und von Beginn an die „Machtstrukturen" transparent machen, wie es der § 8a SGB VIII vorsieht. Die Rechte und Pflichten von Jugendamt und Eltern werden hier eindeutig definiert: Das Jugendamt ist bei Bekanntwerden von gewichtigen Anhaltspunkten für die Gefährdung des Wohls eines Kindes oder des*der Jugendlichen verpflichtet, im Zusammenwirken mehrerer Fachkräfte das Gefährdungsrisiko einzuschätzen. Soweit der Schutz des betreffenden Kindes oder des*der Jugendlichen nicht infrage gestellt ist, müssen die Fachkräfte des Jugendamtes die Eltern, Kinder und Jugendlichen bei der Gefährdungseinschätzung einbeziehen. Die Mitwirkung der Eltern ist (unter der Bedingung, dass der Schutz des bzw. der Minderjährigen sichergestellt ist) auch bei Kindeswohlgefährdung gesetzlich vorgeschrieben. Das Jugendamt kann das Familiengericht anrufen, wenn es dies für notwendig hält, beispielsweise dann, wenn die Eltern nicht mitwirken. Aber über eine Herausnahme des oder der Minderjährigen aus der Familie entscheidet das Familiengericht (nicht das Jugendamt). Nur bei einer dringenden Gefahr ist das Jugendamt verpflichtet, das Kind oder den*die Jugendliche*n in Obhut zu nehmen. Es übernimmt dann im Rahmen der Inobhutnahme eine Vermittlungsfunktion zwischen Eltern und Familiengericht im Hinblick auf geeignete Hilfen zur Erziehung.

Die „Machtverhältnisse" zwischen Jugendamt und Eltern sind also gesetzlich festgelegt, sie werden den Eltern in der Praxis von den Fachleuten aber oft nicht erläutert: Die Fachkräfte des Jugendamtes haben zwar definierte Befugnisse, die Eltern haben demgegenüber jedoch bestimmte Rechte, wie das der Mitwirkung. Auch die Eingriffsrechte des Jugendamtes sind festgelegt und ihnen gegenüber stehen Elternrechte. Der Gesetzgeber verlangt zudem, dass die Eltern über ihre Rechte aufgeklärt werden. Auch beim Hilfeplanverfahren sind die Fachkräfte gesetzlich verpflichtet, die Eltern über ihre Rechte sowie Pflichten zu beraten und ihre Mitwirkung sicherzustellen (§ 36 SGB VIII Mitwirkung, Hilfeplan). Aber trotz der gesetzlichen Vorgaben gelingt die Umsetzung der Mitwirkung der Eltern, gerade bei Kindeswohlgefährdung, oft nur unzureichend. Die Ursache dafür muss nicht unbedingt darin liegen, dass die Eltern die Mitwirkung verweigern, sondern kann auch auf die (falsche) Haltung der Fachkräfte zurückgehen. Die Mitwirkung der Eltern bei der Hilfeplanung und deren Aushandlungscharakter muss letztendlich *methodisch* sichergestellt werden: Das heißt Eltern sollten in die Lage versetzt werden, ihre Lebenssituation sprachlich mitzuteilen – und dafür muss ihnen Raum gegeben werden. Stephan Cinkl (2017) spricht von der ethischen Notwendigkeit, den „Subalternen eine Stimme zu geben". Anders ausgedrückt: Sie müssen ermächtigt (!) werden, ihre Bedürfnisse und Vorstellungen zu formulieren und ihre Probleme selbstständig zu lösen. Die Sozialpädagogische Diagnose ist, wie das Beispiel der Familie Argican zeigt, eine Methode, um diesen Prozess der „Ermächtigung" zu unterstützen (siehe auch das Praxisbeispiel in Cinkl & Krause 2011, S. 235 f.).

2.4 Zusammenfassung

Die Sozialpädagogische Diagnose ist ein Handlungsansatz des Sozialpädagogischen Fallverstehens, der angewendet wird, wenn Gespräche zwischen Fachkräften, Eltern und Jugendlichen nicht ausreichen, um die Problemlage innerhalb einer Familie zu klären. Sie dient insbesondere dazu, gemeinsam mit Eltern und Jugendlichen zu klären, ob ein erzieherischer Bedarf und ein Anspruch auf Hilfe zur Erziehung besteht (§ 27 SGB VIII). Im Sinne eines ko-konstruktiven Prozesses regen die sozialpädagogischen Fachkräfte dabei die Eltern und Jugendlichen an, ihre aktuellen Lebens- bzw. Konfliktthemen und entsprechend Ziele bzw. Aufgabenstellungen aus ihrer Sicht zu formulieren, die langfristig zu einer Verbesserung der Lebenslage beitragen können. Die Sozialpädagogische Diagnose verbindet die subjektive Sichtweise der Klient*innen mit einer fachlichen Einschätzung und umfasst folgende Arbeitsschritte:

- Vorgespräche mit den Jugendlichen bzw. Eltern
- Erstellung eines Genogramms – gemeinsam mit den Eltern
- Interviewdurchführung
- Kollegiale Fallberatung der beteiligten Fachkräfte, bei der die wesentlichen Inhalte dokumentiert und die Konflikt- bzw. Lebensthemen hypothesenartig formuliert sowie fachlich eingeschätzt werden
- Rückmeldegespräche mit den Familienmitgliedern, bei denen, falls notwendig, die Themen überarbeitet sowie sozialpädagogische Aufgabenstellungen und Ziele entwickelt werden, die als Grundlage für die Hilfe dienen

Sozialpädagogische Diagnosen setzen die Kooperation zumindest mit einem Familienmitglied voraus (Partialkooperation). Sie können aber auch im weiteren Verlauf die Kooperation anderer Familienmitglieder erwirken. Der Fokus von Sozialpädagogischen Diagnosen ist wie bei allen Diagnosen begrenzt: Sie reichen insbesondere bei der fachlichen Einschätzung von Kindeswohlgefährdung und der Notwendigkeit von Interventionen zum Schutz der Kinder nicht aus, um eine Intervention zu begründen.

Aufgabe zur Selbstüberprüfung

Aufgabe 2.1

Sie sind hauptverantwortliche*r Mitarbeiter*in im Team für Kinder und Jugendliche des Sozialpsychiatrischen Dienstes im Geschäftsbereich Soziales und Gesundheit einer mittelgroßen Stadt in Deutschland. Sie werden von der Kinder- und Jugendpsychiatrie beauftragt, die weitere Betreuung von Marcel, einem 15-jährigen Jugendlichen, zu klären. Sie erhalten von der zuständigen Psychiaterin folgende Informationen: Marcel wurde in die Kinder- und Jugendpsychiatrie eingewiesen, weil er die Wohnung seiner Mutter zum wiederholten Male in einem Wutausausbruch zerstört hat. Diesmal hat er nicht nur Möbel, Türen und Fenster zerstört, sondern sich selbst dabei erhebliche Verletzungen zugefügt. Er befindet sich nun in psychiatrischer Behandlung. Die Mutter (Frau Henke), die mit ihrem Partner (Herr Sebastian), ihrem Sohn Marcel und ihrer Tochter Veronique (12 Jahre) zusammenlebt, ist ratlos und hat Angst vor Marcels aggressiven Ausbrüchen. Herr Steiner, der Vater von Marcel (und Veronique), hat in letzter Zeit aus Sicht von Frau Henke den Kontakt zu seinem Sohn vernachlässigt und seine Versprechungen (z. B. ein Fußballspiel ihrer Lieblingsmannschaft Dortmund Borussia zu besuchen) nicht eingehalten. Herr Steiner hat seit kurzer Zeit eine Freundin, mit der er zusammenziehen möchte. Sie entscheiden sich, gemeinsam mit einem Kollegen eine Sozialpädagogische Diagnose mit Marcel und seiner Familie durchzuführen. Überlegen Sie sich eine Fragestellung, die mithilfe der Sozialpädagogischen Diagnose bearbeitet werden soll. Planen Sie die Vorgehensweise und stellen sie einen idealen Ablaufplan grafisch dar.

3 Visualisierende Methoden des Sozialpädagogischen Fallverstehens

K

Am Ende dieses Kapitels kennen Sie die Grundregeln und Anwendungsprinzipien von drei visualisierenden Methoden der Sozialen Arbeit: Das Familienszenario, die Arbeit mit Netzwerkkarten und mit dem Lebensstrahl. Sie haben sich die Grundlagen erarbeitet, um diese Handlungsansätze anzuwenden. Sie können wichtige Differenzerfahrungen, die Eltern, Kinder und Jugendliche in Bezug auf ihre Vergangenheit, Gegenwart und gewünschter Zukunft erleben, analysieren.

In diesem Kapitel möchte ich Ihnen visualisierende Verfahren des Fallverstehens vorstellen. Darunter sind Handlungsansätze zu verstehen, die es Klient*innen ermöglichen, ihre Lebenssituation bildhaft-symbolisch darzustellen. Visualisierende Handlungsansätze haben den Vorteil, dass sie Eltern, Jugendliche und Kinder noch stärker als bei Gesprächen in einen Zustand der Dezentrierung führen, das heißt in einen Modus, in dem sie sich in einem spielerisch-gestalterischen Prozess gegenwärtige, vergangene und zukünftige Lebensszenen vor Augen führen können. Die Klient*innen stellen nicht nur ausgewählte Lebensszenen dar, sondern werden auch zu Betrachtenden, die ihr Leben aus Distanz sehen können. Ein weiterer Vorteil besteht darin, dass die Eltern, Kinder oder Jugendlichen animiert werden, Zukunftsbilder von sich in ausgewählten sozialen Kontexten zu entwerfen. Visualisierende Verfahren können im Rahmen des fragend-erörternden sozialpädagogischen Gesprächs oder der Sozialpädagogischen Familiendiagnose eingesetzt werden, aber auch als gesonderte Verfahren unabhängig von anderen. Allerdings haben sie auch Nachteile: Da sie entsprechende darstellende Materialien voraussetzen, können sie nicht spontan und situativ eingesetzt werden, wie das fragend-erörternde sozialpädagogische Gespräch. Man muss sich dazu verabreden. Nicht alle Klient*innen lassen sich darauf ein, da es sie an Kinderspiele erinnert. Im Folgenden werde ich drei Handlungsansätze ausführlich erläutert: das Familienszenario, das Erstellen von Netzwerkkarten und die Lebensstrahlmethode.

3.1 Das Familienszenario. Frau Schulz will eine gute Mutter sein

Die Methode, die ich Ihnen im Folgenden vorstellen möchte, ist im Rahmen einer Langzeitstudie (Euteneuer & Uhlendorff 2020) für Forschungszwecke entwickelt worden, sie eignet sich aber auch für die praktische Soziale Arbeit. Sie wurde im Rahmen meiner Fortbildungen über mehrere Jahre eingesetzt, mit Erfolg, wie sich zeigte. Wir bitten einzelne Familienmitglieder typische Szenen ihres Familienalltags aufzustellen. Dabei verwenden wir als Material ausschließlich Playmobilfiguren. Dazu gehören menschliche Figuren, Wohnzimmer-, Küchen- und Badeinrichtungen sowie Gartenmöbel. Kenner*innen der systemischen Familientherapie werden sicherlich die Frage stellen, warum wir statt Playmobil kein Familienbrett verwenden.

Hinweis
Das Familienbrett, das in der Familientherapie verwendet wird, besteht aus einem Brett in Schachbrett-Größe und kleinen, abstrakten Figuren (zumeist aus Holz), die Erwachsene und Kinder symbolisieren. Es dient dazu, die Familienbeziehungen auf dem Brett nachzubilden. Das Material ist für therapeutische Zwecke entwickelt worden. Für das Sozialpädagogische Fallverstehen eignet es sich nur begrenzt, da sich die Reflexionen der dargestellten Figurationen auf dem Brett im Wesentlichen auf die familialen Beziehungsdynamiken konzentrieren. Alltagshandlungen, wie Kochen, Fernsehen, Baden der Kinder und Einschlafrituale, lassen sich damit nur schwer darstellen.

Im Unterschied zum Familienbrett hat die Aufstellung von Familienszenen mit dem Playmobilmaterial den Vorteil, dass nicht nur Beziehungsdynamiken symbolisch nachgebildet werden können, sondern auch Alltagsszenen in einem räumlich-gegenständlichen Setting. Soziale Arbeit mit Familien konzentriert sich nicht nur auf soziale Beziehungen, sondern auch auf die Alltagsbewältigung. Dazu gehört das Haushalts- und Zeitmanagement, Fürsorgetätigkeiten, wie abendliche Zu-Bett-geh-Rituale oder die Gestaltung des Wohnraums. Das Bemühen um ein gelungenes Familienleben umfasst also nicht nur die Gestaltung von Beziehungen, sondern auch von räumlich-gegenständlichen Arrangements.

Das Familienszenario besteht aus drei Arbeitsphasen:

1. Die sozialpädagogische Fachkraft bittet den oder die Klient*in zu beschreiben, wie ein typischer Alltag in der Familie verläuft (vom Aufstehen bis zum Zu-Bett-Gehen des*der Befragten) und zwar bezogen auf Werktage und Wochenenden. Es gibt hierfür keinen ausführlichen Fragebogen, sondern lediglich den Frageimpuls: „Könnten Sie einen typischen Tagesablauf innerhalb Ihrer Familie beschreiben – vom Aufstehen bis zum Zu-Bett-Gehen? Vielleicht fangen Sie mit einem beliebigen Werktag an, danach mit einem Tag am Wochenende." Sobald die Erzählung abebbt, bittet die Fachkraft die Interviewten darum, eine typische Familienszene, welche die Familiensituation am besten ausdrückt, mithilfe des Spielmaterials darzustellen und diese kurz zu kommentieren. Am Ende wird die Szene von der Fachkraft fotografiert. Im nächsten Gesprächsabschnitt wird die*der Interviewte aufgefordert, die Herkunftsfamilie kurz zu beschreiben und im Anschluss einen typischen Familienalltag aus der eigenen Kindheit zu erläutern. Auch hier wird der Elternteil gebeten, eine typische Alltagsszene aus der Vergangenheit mit Playmobil darzustellen und zu kommentieren. Die letzte Gesprächsphase konzentriert sich auf die familienbezogenen Zukunftswünsche des interviewten Elternteils. Er wird gebeten, eine Zukunftsreise zu machen und eine gewünschte, ideale Familienszene darzustellen. Sowohl das Vergangenheits- als auch das Zukunftsbild werden abfotografiert. Das gesamte Gespräch wird nach Möglichkeit auf-

gezeichnet (nur Audio-Aufzeichnung) oder alternativ werden die wichtigsten Gesprächspassagen im Nachhinein protokolliert.

Grundregel 1 des Familienszenarios

Mithilfe der Methode des Familienszenarios soll es den Klient*innen ermöglicht werden, in einem spielerischen Zugang typische Alltagsszenen aus Gegenwart, Vergangenheit und Zukunft darzustellen. Hierbei kann es, besonders bei der Darstellung der Zukunft, passieren, dass die Elternteile mehr als eine typische Szene darstellen. Bei der Interaktion mit den Klient*innen sollten Reglementierungen (im Hinblick auf Zeit und Anzahl der Darstellungen) vermieden werden. Das Szenario soll möglichst offen sein.

2. In der zweiten Phase geht es um die Interpretation des Gesprächs und der Szenen durch die Fachkraft (ohne Anwesenheit der Klient*innen). Zu diesem Zweck geht sie das Interview bzw. das Protokoll durch und entscheidet sich für drei Gesprächspassagen, welche die Szenen am besten kommentieren. Diese werden auf Papier festgehalten. Anschließend werden Bild und Text im Hinblick auf zentrale Differenzerfahrungen analysiert.

Definition 3.1

Differenzerfahrungen bezeichnen Spannungen, die ein Familienmitglied bei der Reflexion des Familienlebens direkt oder indirekt beschreibt (verbal oder durch das Darstellen von Familienszenen). Differenzerfahrungen sind gleichsam der Motor für Veränderungsprozesse im Familienleben, insofern die Elternteile sich bemühen, sie im Hinblick auf ein gelungeneres Familienleben zu bearbeiten. Differenzerfahrungen werden zu einem sozialpädagogischen Problem, wenn Eltern nicht in der Lage sind, sie zu lösen und um Unterstützung zu suchen.

Die Analyse von Differenzerfahrungen konzentriert sich auf drei Dimensionen (Euteneuer & Uhlendorff 2020, S. 27 f.):

- So können etwa deutliche Spannungen zwischen Herkunftsbild und Gegenwartsbild, Gegenwartsbild und Zukunftsbild oder Herkunftsbild und Zukunftsbild einer Person bestehen, die es auszubalancieren und produktiv zu verarbeiten gilt.
- Die Mitglieder einer Familie können unterschiedliche und zum Teil gegensätzliche Vorstellungen vom Familienleben haben, was als konflikthaft erlebt werden kann.
- Schließlich können individuelle sowie kollektiv geteilte Vorstellungen vom Familienleben in deutlicher Differenz zu gesellschaftlichen Familienleitbildern sowie exofamilialen Anforderungen und normativen Erwartungen (von Institutionen wie Schule und Jugendamt) stehen.

In der Regel lassen sich anhand des Gesprächs und der Bilder drei bis fünf Differenzerfahrungen analysieren und protokollieren. Schließlich werden die Differenzerfahrungen mit dem oder den Zukunftsbildern verglichen. Abschließend geht es um die Frage: „Was sind die zentralen familienbezogenen Veränderungsbestrebungen (Transformationspfade)?“ und „Was behindert die Transformation?“ In Form einer fachlichen Einschätzung werden die Herausforderungen des Elternteils und mögliche sozialpädagogische Hilfestellungen formuliert.

3. Die dritte Phase besteht aus einem Rückmeldegespräch, das sich ähnlich wie bei der Sozialpädagogischen Familiendiagnose gestaltet: Mit dem Elternteil werden die Fotos mit den Familiendarstellungen und den ausgewählten signifikanten Gesprächspassagen betrachtet. Die Fachkraft stellt in einfachen Worten und dicht an den Äußerungen des Elternteils ihre Interpretation dar (Differenzerfahrungen, Veränderungsbestrebungen) und bittet um Rückmeldung, inwiefern die Einschätzung zutreffend ist. Anschließend wird der Vater oder die Mutter (bezogen auf das Zukunftsbild) ermuntert, einzuschätzen, was in der nahen und fernen Zukunft erreichbar ist. Im letzten Schritt wird gemeinsam erarbeitet, welche Unterstützung er oder sie (oder ein*e andere*r Familienangehörige*r) braucht, um

die Nahziele und gegebenenfalls die Fernziele zu erreichen. Nach Möglichkeit wird dies mithilfe eines Zielplakates festgehalten.

Das klingt zunächst etwas abstrakt, wird aber anhand des Beispiels 3.1 wesentlich deutlicher. Wir haben mit Frau Schulz ein Interview geführt, in dessen Rahmen auch das Familienszenario angewendet werden konnte.

Beispiel 3.1
Frau Schulz (43) lebt zusammen mit ihrem 10-jährigen Sohn David in einer Hochhaussiedlung. David besucht eine Förderschule. Sein Vater verbüßte aufgrund sexuellen Missbrauchs eine Gefängnisstrafe. Er ist mittlerweile wieder auf freiem Fuß. Die bereits erwachsenen zwei Töchter (20 und 22 Jahre) haben einen eigenen Hausstand. In der Familie gab es eine massive, bereits länger andauernde Jugendhilfeproblematik: Die ältere Tochter von Frau Schulz wurde von ihrem Stiefvater als Kind missbraucht. Die Tochter wurde in einer sozialpädagogischen Wohngruppe untergebracht. Aufgrund der schwierigen Familiensituation hat die jüngere Tochter die Familie im Alter von 14 Jahren verlassen. Auch David hat längere Zeit in einer stationären Einrichtung gelebt und wohnt nun wieder bei Frau Schulz. Derzeit ist eine Sozialpädagogische Familienhilfe für den Sohn installiert, die Frau Schulz auch bei der Bewältigung des Alltags unterstützt. Frau Schulz leidet massiv an psychischen Problemen (Depressionen) und psychosomatischen Beschwerden. Sie hat eine längere Psychotherapie in Anspruch genommen. Die finanzielle Situation, die Familie lebt von Transferleistungen, kann als angespannt bezeichnet werden. Frau Schulz fehlen aus ihrer Sicht die finanziellen Mittel, ihre in der Nachbarstadt lebenden Töchter regelmäßig zu besuchen oder ihren Sohn mehrmals die Woche zu baden (Vermeidung von hohen Strom-/Wasserkosten). Frau Schulz bezeichnet ihren physischen und psychischen Zustand als labil, sodass sie oftmals Probleme habe, den Alltag zu bewältigen. Darüber ärgere sie sich und sei deshalb derzeit unzufrieden mit ihrem Leben:

„Ja, kann ich sagen, im Moment läuft alles total schief, im Moment gibt's für mich keinen normalen Alltag. Ich habe sehr viele Aufs und Tiefs durch meine Depression. Das führt halt dazu, dass ich nich' aus'm Bett komme, dass ich ständig müde bin, dass ich eben auch kraftlos bin. Also ich bin nich' so in 'ner Lage, den Haushalt zu führen, es fällt mir alles schwer."

Laut ihren Erzählungen hatte Frau Schulz einen regelmäßigen Tagesablauf mit gemeinsamen Zeiten mit ihrem Sohn. Dies scheint aber aufgrund der verstärkten Depression und den Erziehungsschwierigkeiten nicht mehr zu funktionieren:

„Aber, ich bin ein Mensch, der perfektionistisch ist und dem, also mir gefällt das gar nicht, wie ich im Moment lebe. Ich ärger mich über mich selbst, weil das alles nicht so funktioniert. Ich fühl' mich halt nicht wohl in der Wohnung, in meiner Haut, also alles, es ist alles ein Kreislauf. Und dementsprechend glaube ich, entsteht im Moment auch Chaos in meinem Alltag. Ich mache alles, aber gleichzeitig gar nichts."

Übung 3.1

Bevor Sie weiterlesen: Betrachten Sie bitte die Abbildungen 3.1 und 3.3 (Gegenwartsbild und Zukunftsbilder von Frau Schulz mit den entsprechenden Kommentaren). Vergleichen Sie das Gegenwartsbild mit den drei Zukunftsbildern, auf denen menschliche Figuren dargestellt sind. Achten Sie dabei besonders auf die Körperhaltung der Figur, die für Frau Schulz steht und auf die Wohnzimmereinrichtung des Gegenwartsbildes sowie Zukunftsbildes. Vergleichen und analysieren Sie die Kommentare zu den Bildern. Versuchen Sie, die Kontraste im Hinblick auf das reale und gewünschte Familienleben von Frau Schulz (insbesondere im Hinblick auf ihre Mutterrolle) zu benennen. Führen Sie die gleiche Übung durch, indem Sie das Herkunftsbild (einschließlich Kommentar) mit den Zukunftsbildern (einschließlich Kommentaren) kontrastieren. Am Ende erschließen sich Ihnen die aktuellen zentralen

Differenzerfahrungen von Frau Schulz. Versuchen Sie, diese mit wenigen Sätzen zu beschreiben. Die Lösung finden Sie im Anschluss.

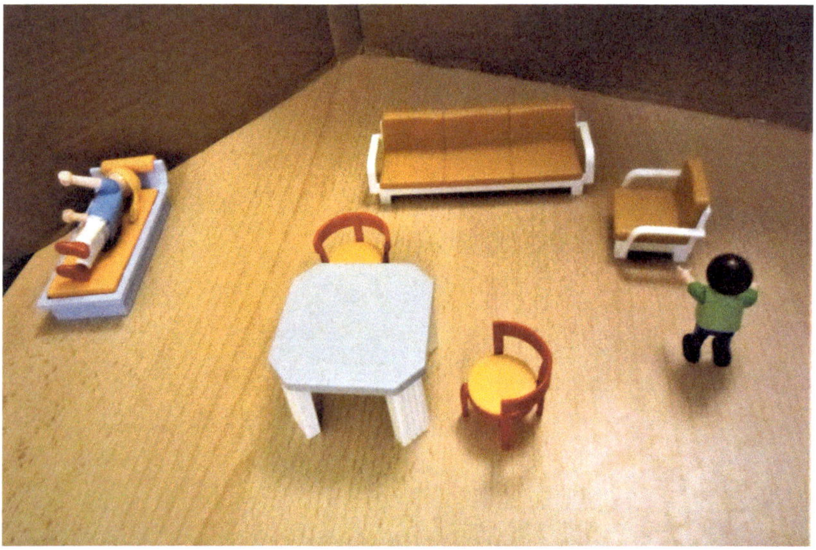

Abb. 3.1: Gegenwartsbild von Frau Schulz mit Kommentar © Playmobil

Szene am Morgen – Frau Schulz in ihrem Schlafzimmer im Bett, David im Wohnzimmer.

Kommentar Frau Schulz: „Und mein Sohn soll eigentlich frühstücken mit mir. Und dann sitzt er hier allein oder auch nich'. Manchmal isst er dann glaub ich auch gar nich', kommt immer drauf an, wie er aufsteht. So und ich liege dann nebenan im Bett, ganz brave Mama, die genau det macht, wat falsch is. Hier is', genau, ich liege dann irgendwo dahinten im Bett und dann kommt mein Sohnemann an und will eigentlich, dass Mama aufsteht. So: ‚Mama, aufstehn! Mamaaaa! Aufsteeeehn! Ich hab dir schon 'ne Stulle fertig gemacht, ich ess' dann allein 'ne Stulle.' Zack. Dann geht er wieder raus und entweder er isst denn was oder so wie heute Morgen, glaub ich, hat er nichts gegessen, er hat sich das zwar fertig gemacht, ich würd aber sagen, er hat höchstens 'ne Stulle sich geschmiert und mitgenommen, weil allein mag er auch nicht essen. Und dann: ‚Mama, tschüss!' ‚Ja, tschüss, mein Schatz, bis heute Abend.' ‚Wir seh'n uns heut Nachmittaaaag! Bis dann, tschüüüüss! Tschüüüüss!' Und dann geht er los."

Abb. 3.2: Herkunftsbild Frau Schulz mit Kommentar © Playmobil

Szene aus der Kindheit – Frau Schulz als Kind in einem dreckigen, chaotischen Badezimmer vor der Waschmaschine, umgeben von diversen ungewaschenen Wäschehaufen.

Kommentar von Frau Schulz: „Wir hatten halt die Geschwister zu versorgen, zu betreuen und hatten auch den Haushalt zu führen, soweit es einen Haushalt gab. Denn wir sind im absoluten, unhygienischen Haushalt großgeworden. Es gab keine Hygiene, es gab keine Regeln. Es gab im Grunde gar nichts, jeder hat so gemacht, wie er konnte oder wollte, es gab eigentlich nur Angst ... Immer gucken, wie ist meine Mutter grad drauf? Sie war die Dominante ... Es gab zu wenig zu essen, es gab keine Kleidung, es gab kein Spielzeug. Es gab viel Missbrauch in der Familie."

Abb. 3.3: Zukunftsbilder von Frau Schulz mit Kommentar © Playmobil

Szene 1 – Frau Schulz bereitet in der Küche das Frühstück vor. Szene 2 – David putzt sich im Badezimmer die Zähne. Szene 3 – gemeinsames Frühstück im Wohnzimmer. Szene 4 – Schlafzimmer von Frau Schulz mit neuem Schrank.

Kommentar Frau Schulz: „Jut, also stelln wa uns vor, det is früh. Halb sechs. So und denn steh ick hier und mach ganz brav meinem Kind wieder, meinem Kind det Früüühstück wieder und det Kind putzt ellene die Zähne und macht alleiiine Waschen und Toilettengang ... Und denn sitzen wa schöön und früühstücken mit Hund und Kind. Jetzt muss der Hund weichen, mein Kind is wichtiger als der Hund.“ Auch soll sich der Zustand der Wohnung verbessern: „Det wenn Sie [gemeint ist der Interviewer] det nächste Mal kommen, is det so wie dat sein soll. So. ordentlich, ordentlich.“ Frau Schulz wünscht sich einen Schlafzimmerschrank, damit es ordentlich ist.

Eine Methode, um die Differenzerfahrungen zu bestimmen, besteht in der vergleichenden Kontrastierung. In diesem Sinne werde ich im Folgenden zunächst das Gegenwartsbild mit den drei Zukunftsbildern (auf denen Personen zu erkennen sind) vergleichen und anschließend das Vergangenheitsbild mit den Gegenwarts- und Zukunftsbildern.

- Beim Vergleich der beiden Wohnzimmerdarstellungen (Abb. 3.1 und Abb. 3.3) erschließt sich ein Kontrast mit Blick auf die Figuren, die Frau Schulz und David darstellen sollen. Signifikant in dem Gegenwartsbild ist die dem Geschehen abgewandte Körperhaltung von Frau Schulz. Sie kehrt gleichsam dem Haushalt und ihrem Kind den Rücken zu. Auffällig ist auch die Haltung der Figur, die ihren Sohn David verkörpert. Sie blickt gleichsam ins Leere. Ganz anders verhalten sich die beiden Figuren in der Wohnzimmerdarstellung des Zukunftsbildes. Hier wendet sich Frau Schulz ihrem Sohn zu, ihre Arme sind geöffnet, als wolle sie ihrem Sohn etwas zum Essen anbieten, das sich auf dem Tisch befindet. Die Figur der Mutter ist so platziert, dass sie den gesamten Raum überblicken (und kontrollieren) kann. Ein deutlicher Kontrast besteht in der Abwendung der Mutter vom Wohnungsgeschehen sowie vom Sohn im Gegenwartsbild und der Zuwendung beidem gegenüber im Zukunftsbild.
- Ein weiterer Unterschied (Kontrast) ergibt sich im Vergleich der Alltagsaktivitäten. In dem Gegenwartsbild ist eine passive Mutter zu sehen, die nicht aus dem Bett kommt, während sie im Zukunftsbild aktiv ist, insofern sie in der Küche Essen zubereitet.
- Vergleicht man die Wohnzimmereinrichtungen (Abb. 3.1 und Abb. 3.3), so fällt auch hier ein deutlicher Kontrast auf: Das Wohnzimmer in der Zukunft ist wesentlich „wohnlicher" eingerichtet. Man sieht einen Teppich, einen schwarzen Beistelltisch, Pflanzen sowie einen gedeckten Tisch, während das Wohnzimmer der Gegenwart wesentlich steriler aussieht.
- Eine weitere Differenz wird augenfällig, wenn Sie das Vergangenheitsbild mit den Zukunftsbildern vergleichen und die Kommentierung hinzuziehen. Im Vergangenheitsbild sieht man Frau Schulz

als Kind im Bad vor der Waschmaschine. Die Figur scheint in dem Wäscheberg unterzugehen. Ganz anders verhält sich die kindliche Figur (David) in den Gegenwartsbildern: Sie putzt sich die Zähne oder wäscht sich am Waschbecken im Bad (während die Mutter das Essen in der Küche vorbereitet) und sitzt später am gedeckten Tisch. Im Gegensatz zu ihrer eigenen Kindheit, die sich durch Gewalt und Überforderung (im Sinne altersunüblicher Erwartungen) auszeichnete, wünscht sie sich für ihren Sohn eine Kindheit, die im Hinblick auf Erwartungen an Autonomie (selbstständige Körperhygiene) und Fürsorge (Essen zubereiten durch die Mutter) altersgerecht ausbalanciert ist.

- Schließlich besteht ein deutlicher Kontrast im Hinblick auf den Zustand der Wohnungen in den unterschiedlichen Zeitabschnitten: Bei der Toilette des Badezimmers des Herkunftsbildes fehlt der Toilettenaufsatz sowie die Toilettenbürste, es gibt keine Schränke und das Waschbecken ist desolat. Das Badezimmer des Zukunftsbildes ist perfekt eingerichtet, es gibt einen Badezimmerschrank mit Körben für die Wäsche, das Waschbecken ist intakt, es gibt einen Toilettenaufsatz und eine -bürste. Im Unterschied zur Vergangenheit wird im Zukunftsbild die Wäsche verstaut. Dafür stehen auch die Schlafzimmerschränke in Abbildung 3.3 (unten rechts). Ihre Idealvorstellung einer aufgeräumten Wohnung scheint sie aktuell noch nicht vollständig umsetzen zu können, darauf weist ihr Kommentar hin: „Wenn Sie [gemeint ist der Interviewer] det nächste Mal kommen, is det so wie dat sein soll. So. ordentlich, ordentlich."

Unter der Berücksichtigung der hier aufgezeigten Kontraste ergeben sich für Frau Schulz vermutlich folgende Differenzerfahrungen: Frau Schulz möchte – wie sie selbst sagt – eine „brave Mutter" sein und den konventionellen normativen Erwartungen an ihre Elternrolle, die sie von sich selbst einfordert (aber mit denen sie auch von Vertreter*innen des Jugendhilfesystems konfrontiert wird), gerecht werden. Dies gelingt ihr aber aufgrund ihrer körperlich-seelischen Niedergeschlagenheit im Alltag nicht. Ihren Ansprüchen, David zu versorgen und eine perfekte Wohnung zu haben (ohne Chaos), wird sie aus ihrer Sicht nicht völlig gerecht. Dies wiederum führt vermutlich zu Selbstvorwürfen, die ihre Depressionen verstärken. Im Vergleich von Vergangenheitsbild, Gegenwarts- und den Zukunftsbildern zeigt sich bei ihr eine familienbezogene Veränderungsbestrebung, die aber auch stark gebremst wird und ihr Leiden vermutlich noch verstärkt. Der von ihr eingeschlagene Transformationspfad besteht darin, das familiale Herkunftsmodell, in dem sie aufgewachsen ist, stark zu verändern. Frau Schulz versucht eine Familiarität herzustellen, in der im Unterschied zu ihrer Herkunftsfamilie mütterliche Fürsorgemuster für die Kinder zum Tragen kommen, die altersgerecht sind und gleichzeitig die Kinder in der Entwicklung ihrer Autonomie nicht überfordern. Darüber hinaus bemüht sie sich um die Realisierung einer Generationendifferenz in der Eltern-Kind-Beziehung (die Mutter bereitet ihrem Sohn das Frühstück zu – und nicht umgekehrt der Sohn seiner Mutter). Ihr Hauptwunsch ist: „Wenn ich Sie [gemeint ist der Interviewer] in einem Jahr wiedersehe, bin ich zum Beispiel 'ne ganz andere, weiterhin ohne Partner, gefestigter meiner Person gegenüber. Also ich muss mich mehr festigen, um mehr für meinen Sohn sorgen zu können, um stärker für meinen Sohn da zu sein."

Aus fachlicher Sicht steht Frau Schulz vor folgenden Herausforderungen: (1) Im Zentrum steht die Verbesserung ihres körperlich-seelischen Zustandes, um die nötige Kraft zu haben, für ihren Sohn besser zu sorgen. Zunächst geht es ihr um Fragen der Selbstsorge im Sinne der Herstellung von Kraft, Zuversicht in die eigene Selbstwirksamkeit und Vitalität als Voraussetzung einer für sie und für andere befriedigenden Familienfürsorge. (2) Daran schließt sich die Konturierung ihrer Elternrolle (und mithin einer Generationendifferenz) an, im Sinne einer Verantwortung für die Befriedigung der Grundbedürfnisse des Kindes, für die zeitliche Strukturierung des Tagesablaufes und für die Erfüllung von häuslichen Grundstandards (aufgeräumte Wohnung etc.). Schließlich geht es (3) um die Entwicklung und die Performanz eines konsequenten Erziehungsverhaltens, das die Selbstständigkeit des Kindes fördert, ohne es zu überfordern.

Aus fachlicher Sicht scheint es geboten, mit ihr einen Tagesablauf zu entwickeln, der ihrem körperlich-seelischen Zustand berücksichtigt und sie nicht überfordert, der aber auch den Erwartungen an ihre Mutterrolle gerecht wird und die Grundbedürfnisse von David befriedigt: Die Frage für das Rückmeldegespräch lautete: „Welche Haushalts- und Fürsorgetätigkeiten kann ich aufgrund meines körperlich-seelischen Zustandes leisten, um mir ein Gefühl der Selbstwirksamkeit als sorgende Mutter zu geben? Wie könnte eine Grundordnung der Wohnung aussehen, die, wenn auch in abgespeckter Form, meinen Vorstellungen gerecht wird?"

Die Rückmeldung war durchaus erfolgreich: Gemeinsam mit Frau Schulz konnte ein Tagesplan in Form eines Zielplakats entwickelt werden, der ihrem Zustand gerecht wird: 20 Minuten intensive Haushaltsaktivitäten am späten Vormittag, nach dem Essen Spazierengehen mit dem Hund, 20 Minuten intensive Haushaltsaktivitäten am späten Nachmittag, gemeinsame Zeit mit David am Abend, danach bereitet Frau Schulz für David das Frühstück vor, das er am nächsten Tag allein einnimmt. Frau Schulz spart für die Anschaffung eines Schlafzimmerschrankes, den sie gemeinsam mit ihrer Familienhelferin kauft und aufbaut. In dem Rückmeldegespräch wurde auch auf Wunsch von Frau Schulz vereinbart, dass die sozialpädagogische Fachkraft ein Gespräch mit David führt, um die Wünsche und Erwartungen an die Familiensituation zu klären. Für Frau Schulz bestand eine Unsicherheit, wie sie mit dem Wunsch von David, seinen Vater kennenzulernen, umgehen soll.

Über die Ergebnisse der Gespräche und die weitere Entwicklung der Familiensituation soll im folgenden Kapitel berichtet werden. Auf Wunsch von Frau Schulz haben wir ein Gespräch mit David geführt. Dabei kam ein visualisierendes Verfahren mittels Netzwerkkarten zur Anwendung, das ich zunächst darstellen möchte, um dann die Familiengeschichte fortzusetzen.

3.2 Netzwerkkarten erstellen. David wünscht sich eine Familienzusammenführung

Sogenannte Netzwerkkarten werden sowohl in der Forschung als auch in der Therapie und in der Sozialen Arbeit eingesetzt, um die sozialen Beziehungen, in die eine Person eingebunden ist, transparent zu machen. Das Grundprinzip besteht darin, dass die Klient*innen auf einem Blatt Papier oder digital auf einer virtuellen Karte Personen lokalisieren, die ihnen wichtig sind. In der Forschung werden Netzwerkkarten zum Beispiel als Methode eingesetzt, um Peer-Beziehungen von Jugendlichen zu erforschen. In der praktischen Sozialen Arbeit dienen sie als Instrument des Fallverstehens. Mithilfe der Netzwerkkarten und den sie begleitenden Gesprächen können sich die zuständigen Fachkräfte einen Überblick über die Personen verschaffen, mit denen der oder die Klient*in Kontakt hat und die aus subjektiver Sicht besonders wichtig sind, im Sinne von Schlüsselpersonen. Die Karte bietet auch Platz für Personen, mit denen die Befragten Konflikte haben. Des Weiteren können auch Randfiguren auftauchen, zu denen mehr Kontakt erwünscht wird.

Die Netzwerkkarten dienen nicht nur zum Fallverstehen, sondern auch dazu, gemeinsam mit den Kindern, Jugendlichen oder Elternteilen soziale Ressourcen zu mobilisieren. Ein Vorteil besteht darin, dass sie auch für Kinder geeignet sind.

Die Netzwerkarte, die ich Ihnen im Folgenden vorstellen möchte, ist in Anlehnung an Pearson (1997) entstanden. Die Abbildung 3.4 zeigt den Aufbau der Karte. Der Ring im Zentrum steht für die*den Interviewte*n. Die Karte ist in vier Felder unterteilt, bei denen es sich bei dreien um zentrale Sozialisationsfelder handelt: Gleichaltrige, Familie und Schule bzw. Berufswelt. Ein Feld bleibt offen für Personen, die nicht den drei Domänen zugeordnet werden können, aber dennoch wichtig sind, wie zum Beispiel Nachbarn oder Sozialpädagog*innen.

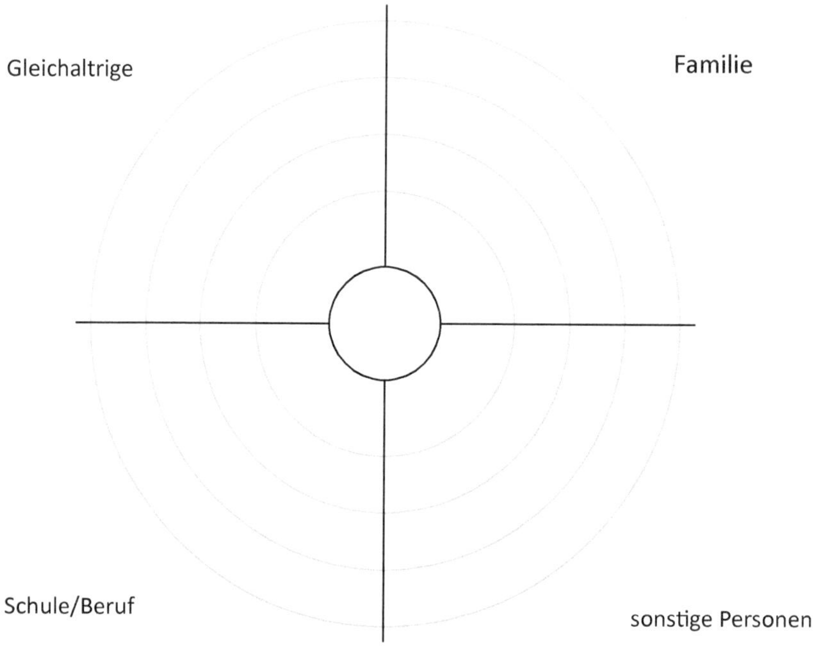

Abb. 3.4: Netzwerkkarte

Die Methode besteht aus folgenden Schritten:

Schritt 1: Die Fachkraft legt dem*der Klient*in die Netzwerkkarte vor und richtet folgende Worte an sie bzw. ihn: „Welche Personen sind dir im Moment wichtig? Versuche diese auf der Landkarte mit einem schwarzen Punkt einzutragen. Du bist der Kreis in der Mitte. Mit dem Abstand zu dem inneren Kreis kannst du zeigen, wie nahe diese Person dir ist. Es wäre gut, wenn du auf der Landkarte nicht nur die Personen einträgst, mit denen du dich besonders gut verstehst, sondern auch solche, mit denen du Schwierigkeiten oder Streit hast." Anschließend wird die Karte gemeinsam betrachtet. Gefragt wird: „Gibt es Personen, die du nicht eingetragen hast, die aber dennoch eine Rolle in deinem Leben spielen oder spielen könnten?" (Wenn ja: „Warum befinden sie sich nicht auf der Landkarte? Möchtest du ihnen vielleicht einen Platz auf deiner Karte geben?").

Schritt 2: Die Fachkraft bittet nun die Landkarte mit farbigen Stiften zu bearbeiten: „Bitte umkreise mit dem grünen Stift fünf Personen, die dir besonders wichtig sind. Kennzeichne bitte die Personen mit einem roten Blitzzeichen, mit denen du Probleme/Streit hast. Bitte umkreise mit dem blauen Stift die Personen, zu denen du mehr Kontakt haben möchtest."

Schritt 3: Schließlich legt die Fachkraft dem oder der Klient*in eine neue unbeschriebene Landkarte vor: „Stell dir vor, es kommt eine Wunschfee und du kannst die Landkarte mit ihr so verändern, dass sie deinen Wünschen entspricht: Wo stehen dann die Personen, die du eben eingetragen hast, auf der neuen Landkarte? Gibt es vielleicht noch neue Personen, die da auftauchen?" Die ausgefüllten Karten werden abfotografiert. Die Originale verbleiben bei dem*der Klient*in mit der Bitte, sie sich in den nächsten Tagen anzuschauen und für das Rückmeldegespräch aufzubewahren. Es wird ein Folgetermin für ein weiteres Gespräch vereinbart.

R

Grundregel 2 des Familienszenarios
Das Ziel beim Erstellen von Netzwerkkarten ist es, den*die Klient*in dabei zu unterstützen, Personen, die im positiven oder negativen Sinn für sie*ihn von Bedeutung sind, auf der Landkarte zu lokalisieren und Wünsche im Hinblick auf Veränderungen der gegenwärtigen Beziehungen zu veranschaulichen. Personen, die in der Vergangenheit wichtig waren, aber gegenwärtig keine Rolle spielen und denen gegenüber keine besonderen Erwartungen bestehen, sollten auf der Netzwerkkarte nicht auftauchen

Schritt 4: Anschließend werden die Fotos von den Netzwerkkarten im Team oder (je nach strukturellen Rahmenbedingungen) im Rahmen der kollegialen Beratung von der Fachkraft allein ausgewertet. Dabei stehen folgende Fragestellung im Zentrum: „Wie stabil ist das soziale Netzwerk insgesamt?", „Was könnte die Stabilität des Netzwerkes gefährden?", „Gibt es genügend Schlüsselpersonen?", „Welche

Felder oder Kontakte könnten gestärkt werden?", „Welche Wünsche hat der*die Klient*in im Hinblick auf Veränderung des sozialen Netzwerks?", „Inwiefern sind sie realistisch?", „Welche Unterstützung kann man der*dem Klient*in anbieten?" und „Welche Fragen und Strategien ergeben sich für das Rückmeldegespräch?"

Schritt 5: Das Rückmeldegespräch gestaltet sich in Anlehnung an die letzten drei Phasen des fragend-erörternden sozialpädagogischen Gesprächs (vgl. Abb. 1.2). (1) Die Fachkraft stellt im Sinne einer Paraphrasierung die wichtigsten Ergebnisse der Netzwerkkarten vor und fragt: „Habe ich das so richtig wiedergegeben? Möchtest du noch etwas hinzufügen?" (2) Danach wird gemeinsam, bezogen auf wichtige Personen, nach Lösungswegen gesucht, um die Beziehung zu verbessern bzw. zu verändern. (3) Schließlich werden Lösungen eingeübt oder Lösungswege konkretisiert.

Beispiel 3.2

David ist 10 Jahre alt. Er lebt allein mit seiner Mutter in einer Wohnung. Er hat zwei Halbschwestern (22 und 20 Jahre), die in einer eigenen Wohnung leben, aber relativ weit entfernt von ihm. Sein Vater hat sich an seiner älteren Halbschwester sexuell vergangen. Er wurde zu mehreren Jahren Gefängnis verurteilt und ist mittlerweile wieder auf freiem Fuß. David kennt seinen Vater nicht, da er, als es zur Verurteilung kam, noch ein Kleinkind war. Aufgrund der Depressionen der Mutter war David 21 Monate in einer stationären Jugendhilfeeinrichtung untergebracht. Seit einigen Monaten lebt er wieder bei seiner Mutter. Seitdem David wieder im Haushalt seiner Mutter lebt, wurde eine Sozialpädagogische Familienhilfe installiert. David besucht eine Ganztags-Förderschule.

Der Handlungsansatz soll im Folgenden am Fallbeispiel David (Beispiel 3.2) erläutert werden. Es handelt sich um den Sohn von Frau Schulz (Beispiel 3.1). Wir haben mit David ein Gespräch geführt mit dem Ziel, zu klären, ob er mit der familiären Lebenssituation, insbesondere mit dem Zusammenleben mit seiner Mutter, zufrieden ist und ob er sich aufgrund der Erkrankung seiner Mutter eventuell überfordert fühlt. Im Rahmen des Gesprächs hat David die beiden Netzwerkkarten erstellt und kommentiert (Abb. 3.5. und 3.6).

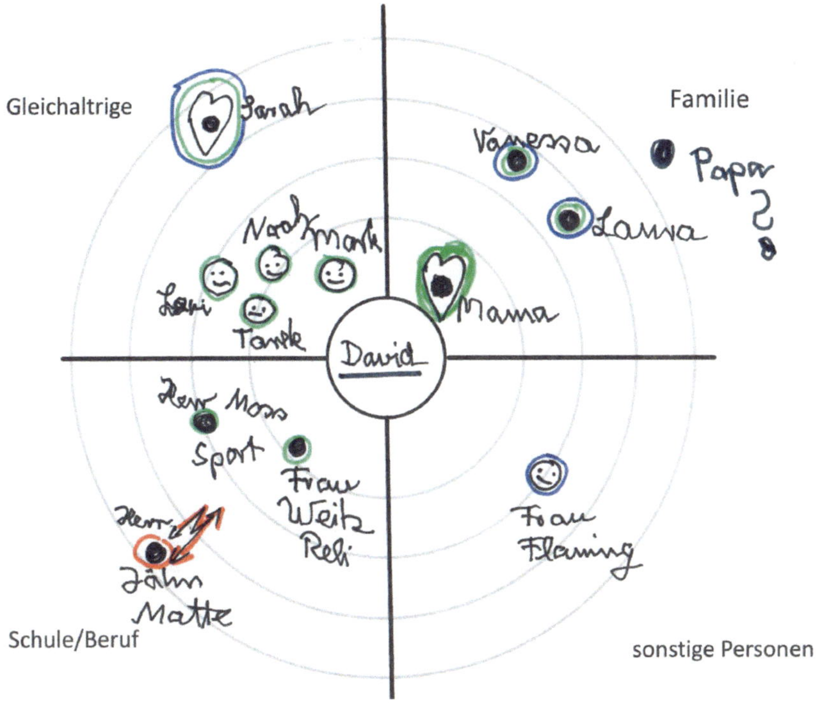

Abb. 3.5: Netzwerkkarte David – Gegenwart (grün: besonders wichtige Personen; rot: Personen mit Konflikten; blau: Wunsch nach mehr Kontakt)

David hat beim Ausfüllen viel Spaß gehabt, das zeigen die zusätzlichen Symbole, die er verwendet hat, wie zum Beispiel Herzen und Smileys. Am dichtesten zu ihm steht seine Mutter, die er mit einem Herzen untermalt hat (Abb. 3.5). In dem Feld „Gleichaltrige" tauchen vier „beste Freunde" auf, mit denen er zur selben Schule geht und die er regelmäßig trifft (Mark, Noah, Tarek und Levi). Ebenfalls erwähnt er Sarah, „die ist ganz nett", er möchte mehr Kontakt zu ihr haben und wünscht sich, „dass die vielleicht meine Freundin ist." Seine Schwestern Vanessa

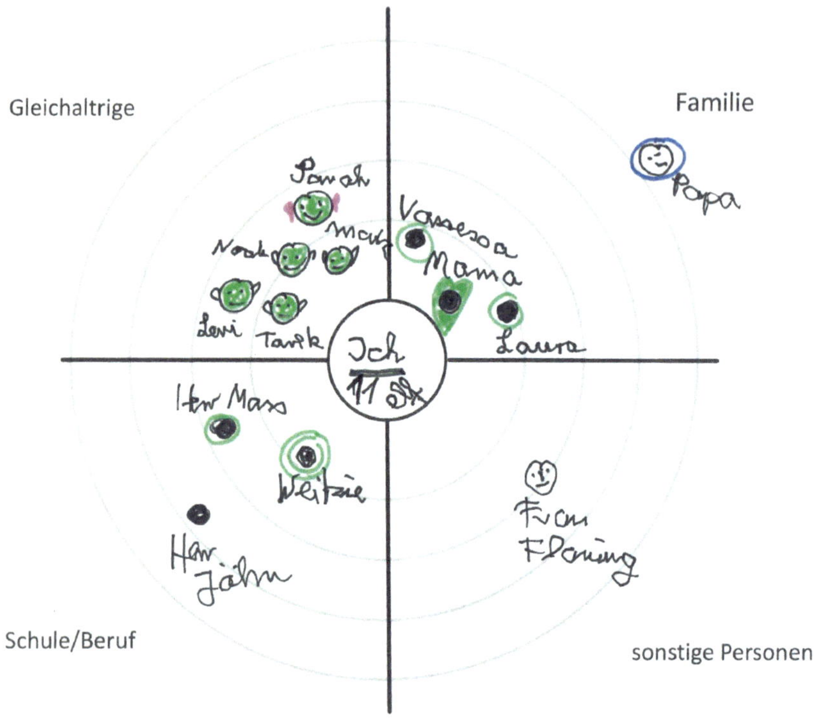

Abb. 3.6: Netzwerkkarte David – gewünschte Konstellation

und Laura, die er weiter vom Innenkreis abgerückt hat als seine Mutter, habe er „ganz lieb, ... aber die wohnen weiter weg." Er wünscht sich mehr Kontakt zu ihnen. Gut versteht er sich mit seiner Religionslehrerin Frau Weitz (im Zukunftsbild Weitzi genannt) und mit seinem Sportlehrer Herrn Maas. Seinen Mathelehrer Herrn Jähn mag er nicht, „weil der keinen Spaß versteht und immer an mir herummeckert." Er ist die einzige Person, die mit einem Blitzsymbol versehen ist.

Das Verhältnis zu Frau Flaming, der Sozialpädagogin, beschreibt er mit: „Die ist nett und hilft meiner Mama ... die reden viel zusammen", er möchte „... mal mit ihr ‚Elfer Raus' spielen." Erst auf Nachfragen taucht sein Vater auf, der sehr weit vom Innenring abgerückt ist und den er mit einem Fragezeichen versehen hat: „Ich weiß nicht, ob der mich lieb hat? Meine Mutter sagt, ich soll den erstmal nicht kennenlernen, weil ... der hat meiner Schwester sehr wehgetan."

Im Wunschbild (Abb. 3.6) hat sich David im Zentrum mit „Ich, 11, elf“ eingetragen. Er kommentiert das so: „Wenn ich elf Jahre alt bin, dann wohnen meine beiden Schwester wieder hier und wir sind wieder eine Familie.“ Seinen Vater hat er am äußersten Rand eingezeichnet und blau umkreist. Er möchte ihn kennenlernen, aber erst später, wenn er 16 Jahre alt ist. In dem Feld „Gleichaltrige“ ist die Person Sarah wesentlich näher zu ihm positioniert, ihre Ohren heben sich durch die Farbe rosa besonders ab. Er möchte ihr Ohrringe (mit blau angedeutet) schenken „... aber heimlich, dass die anderen das nicht sehen.“ Er wünscht sich nicht nur Freundschaften mit gleichaltrigen Jungen, sondern auch eine Beziehung zu einem Mädchen. Der Konflikt mit Herrn Jähn hat sich beigelegt, weil, „... in einem Jahr bin ich der Beste in Mathe.“ Die Position der Sozialpädagogin hat sich im Vergleich zum Gegenwartsbild nicht verändert. Sie scheint auch in der nahen Zukunft für ihn wichtig zu sein. Im Gespräch macht er deutlich, dass er bei seiner Mutter wohnen möchte und ihm die Zeit im Heim nicht gefallen habe. Er könne auch für sich selbst sorgen, wenn seine Mutter krank im Bett liege.

Aus fachlicher Sicht lässt sich folgendes sagen: David pflegt altersentsprechend die meisten Beziehungen in Peer-Groups. Sie kompensieren, so die Vermutung, die Lücken im Familiensystem (insbesondere die Schwestern, die er selten sieht, da sie weiter weg wohnen und seine Mutter die Fahrkosten nicht aufbringen kann). Die Formulierung „... dann wohnen meine beiden Schwestern wieder hier und wir sind wieder eine Familie“ deutet darauf hin, dass er das gegenwärtige Familienleben als unvollständig sieht. Ein starker Wunsch besteht in einem näheren Kontakt zu seinen beiden Schwestern und, dies wird in dem Gespräch deutlich, in der Positionierung in der Rolle des kleineren Bruders. Aus fachlicher Sicht scheint es geboten, das Geschwistersystem und ihn in der Rolle des kleinen Bruders zu stärken, um so seinem Wunsch nach einer größeren Familie gerecht zu werden.

Im Rückmeldegespräch haben wir David gefragt, was er selbst tun könne, um einen näheren Kontakt zu seinen Schwestern zu haben. Er selbst kam auf die Idee, seinen Geburtstag zu feiern und seine Mutter sowie seine beiden Schwestern dazu einzuladen. Deshalb wolle er ihnen eine Einladungskarte mit seinen Geburtstagswünschen schreiben. Aufgrund unserer Rückmeldung blieben die Geschenkwünsche in einem der finanziellen Situation der Familienmitglieder angemessenen Rahmen. David hat die Einladungskarten im Anschluss an das Gespräch, mit Unterstützung der Familienhelferin, tatsächlich geschrieben und abgeschickt. Die Geburtstagsfeier fand mit der Mutter und seinen beiden Schwestern statt.

Wir haben Frau Schulz nach 18 Monaten erneut interviewt. Aus ihrer Sicht haben sich viele Dinge positiv verändert. Ihre Töchter wohnen in der Nähe, die Familie sieht sich häufig. Die beiden Töchter haben ihr geholfen, neue Schränke aufzubauen. Die Beziehung zum Sohn ist weniger konfliktreich. Er steht morgens selbstständig auf und nimmt das Frühstück ein, das Frau Schulz ihm am Vorabend zubereitet hat. Sie selbst steht auf, wenn ihr Sohn morgens das Haus verlassen hat. Im Vergleich zur Situation des Erstinterviews resümiert sie:

> „Ich hab mehr Struktur in meinem Tagesablauf auf jeden Fall. Weil ick mich ja jetzt so wohler fühle und versuche dett allet irgendwie so'n bisschen auf die Reihe zu bekommen, bin zwar immer noch det Hamster im Rad, aber schon langsamer ... Ich würd sagen stressfreier, aber andererseits anfälliger."

Trotz dieser positiven Veränderungen leidet Frau Schulz weiterhin an psychischen Beeinträchtigungen (Depressionen), ihre körperlichen Beschwerden haben zugenommen. Dennoch ist sie im Vergleich zur Situation zum Zeitpunkt des Erstinterviews mit ihrer Lebenssituation wesentlich zufriedener.

3.3 Einen Lebensstrahl gestalten. Murat entwickelt einen Plan B

Als letzten visualisierenden Handlungsansatz des Sozialpädagogischen Fallverstehens möchte ich Ihnen die Arbeit mit dem Lebensstrahl vorstellen. Der Ansatz wurde von Dorle Kliche und mir im Rahmen eines Modellprojektes zur Qualitätsentwicklung sozialpädagogischer Arbeit mit jungen Müttern und Vätern in Mutter- bzw. Vater-Kind-Einrichtungen eingesetzt (Kliche 2012). Aus unserer Erfahrung heraus eignet sich die Methode insbesondere bei Jugendlichen und jungen Heranwachsenden, die vor einer schwierigen Lebensentscheidung stehen. Auch bei unbegleiteten minderjährigen Flüchtlingen haben wir gute Erfahrung mit dem Lebensstrahl gemacht, wie das Beispiel 3.3 weiter unten zeigt. Für die Methode braucht man einen Koffer. Darin enthalten sind dicke und dünne Farbstifte, Papier, Karteikarten, ein dünnes Seil mit einer Länge von vier Metern und zwei weitere Seile von zwei Meter Länge sowie mindestens 50 kleinere Objekte, die sich als Symbole verwenden lassen. Als Objekte eignen sich kleine Puppen oder sonstige Figuren, Spielzeug (Fahrzeuge), Schrauben, Werkzeug, Garnrollen, Fäden und Wollknäule, Miniaturen von Haushaltsgegenständen, Kastanien, Nüsse, getrocknete Blätter, diverse Textilstücke, Streichhölzer, Kerzen, Holzstücke, kleine Vasen, Töpfe und Schachteln, ausgeblasene Eier, Geschirr, Trillerpfeife etc. – der Fantasie sind keine Grenzen gesetzt.

H

Hinweis
Das Grundprinzip des Lebensstrahls besteht darin, dass der*die Jugendliche entlang des Seils bestimmte Lebensereignisse aus der Vergangenheit möglichst chronologisch sowie die gegenwärtige Situation mit Symbolen darstellt und kurz kommentiert. Daran anschließend wird der*die Jugendliche gebeten, mögliche persönliche Zukunftswege darzustellen.

Für den Einsatz der Methode empfiehlt sich folgende Vorgehensweise:

Schritt 1: Ähnlich wie bei der Sozialpädagogischen Diagnose sollte der*die Klient*in auf die Methode vorbereitet werden. Dazu gehört auch, dass die Regeln erläutert werden.

R

Grundregel 1 des Lebensstrahls

Bei der Erstellung des Lebensstrahls können Jugendliche alle ihre positiven wie auch ihre negativen, aber auch neutralen Lebensereignisse darstellen, die ihnen im Rückblick wichtig erscheinen. Das, was sie nicht darstellen möchten oder können, bleibt im Verborgenen.

Schritt 2: Die Sitzung beginnt, indem die Fachkraft den Koffer öffnet und den Inhalt präsentiert. Anschließend breitet sie auf dem Boden das Seil aus und legt ein DIN-A4 Blatt mit einem Fragezeichen (das für Zukunft stehen soll) auf eines der beiden Seilenden. Ein zweites DIN-A4 Blatt, betitelt mit „Gegenwart“, wird so auf das Seil gelegt, dass drei Lebensabschnitte abgebildet werden können (Vergangenheit: ca. drei Viertel der Seillänge, Gegenwart: DIN-A4 Blatt und Zukunft: ein Viertel der Seillänge). Die Fachkraft weist kurz auf die drei Lebensabschnitte hin. Sie erläutert die Aufgabenstellung, die wichtigsten Lebensereignisse aus der Vergangenheit, die gegenwärtige Situation und die Zukunft mithilfe der Objekte aus dem Koffer oder mit Papier und Stift darzustellen.

Schritt 3: Nun wird der*die Jugendliche gebeten, sich auf das Blatt „Gegenwart“ zu stellen, mit Blick auf das leere Seilende: „Du schaust jetzt in deine Vergangenheit. Was sind ganz wichtige Lebensereignisse, die dir einfallen? Lass dir Zeit mit deinem Lebensrückblick. Wenn du so weit bist, stelle sie nacheinander dar. Du kannst dort beginnen, wo du möchtest oder wo es für dich am einfachsten ist. Du musst nicht alle Lebensabschnitte darstellen. Für die Darstellung kannst du die Objekte aus dem Koffer verwenden. Du kannst auch mit Papier und Stift etwas malen oder zeichnen, was das jeweilige Ereignis veranschaulicht. Lass dir mit allem Zeit.“

Grundregel 2 des Lebensstrahls

R

Bei der Gestaltung des Lebensstrahls kann der*die Jugendliche frei wählen, mit welchem Lebensabschnitt aus der Vergangenheit er*sie beginnen möchte. Es müssen nicht alle vergangenen Lebensabschnitte abgebildet werden.

Schritt 4: Ist die Vergangenheit „abgeschlossen“, konzentriert sich das Gespräch auf die Gegenwart: „Nun sind wir in deiner Gegenwart angekommen. Bitte versuche deine gegenwärtige Situation darzustellen.“

Schritt 5: Der nächste Schritt besteht in der Darstellung der Zukunft. Wir bitten den*die Jugendliche*n, den bisherigen „Lebensweg“ und die Gegenwart aus einer räumlichen Distanz Revue passieren zu lassen und sich anschließend auf das „Gegenwartsblatt“ zu stellen: „Wenn du jetzt in deine Zukunft blickst: Wie könnte dein Leben weiterverlaufen? Was wünscht du dir für deine Zukunft? Was möchtest du erreichen? Lass dir ein wenig Zeit und wenn du so weit bist, versuche deinen Zukunftsweg darzustellen.“

Grundregel 3 des Lebensstrahls

R

Bei der Gestaltung des Lebensstrahls kann der*die Klient*in auch davon absehen, die Zukunft darzustellen, wenn es ihm*ihr schwerfällt, sich diese auszumalen.

Anschließend bittet man den*die Jugendliche*n, sich den Zukunftsweg aus räumlicher Distanz anzusehen und setzt nach einer Weile das Gespräch fort: „Könntest du dir auch eine andere Zukunft vorstellen? Falls sie nicht so verläuft, wie du das dargestellt hast: Gibt es vielleicht noch einen anderen Weg, den du dir wünschst? Im Koffer befindet sich noch weiteres Seil für die Zukunft, das können wir an die Gegenwart anlegen. Wenn du möchtest, kannst du das ausprobieren!“

Grundregel 4 des Lebensstrahls
Bei der Gestaltung des Lebensstrahls sollte man die Jugendlichen ermutigen, verschiedene Zukunftswege zu entwickeln.

Schritt 6: In der Praxis kommt es vor, dass Jugendliche zwei Zukunftswege darstellen, die für sie möglich sind, aber sie vor eine schwierige Entscheidung stellen. In diesem Fall ermutigen wir die Jugendlichen: „Bitte gehe Schritt für Schritt die beiden Wege nacheinander ab und achte dabei auf deine Gefühle." Anschließend wird gefragt: „Welcher der beiden Wege fühlt sich besser für dich an?" Falls der*die Jugendliche zu keinem Ergebnis kommt, kann man ihm*ihr auch noch das dritte Seil anbieten: „Vielleicht gibt es noch einen ganz anderen Zukunftsweg oder einen, der beide verbindet?"

Grundregel 5 des Lebensstrahls
Es sollte vermieden werden, die Jugendlichen zu einer Entscheidung zu drängen. Das Gespräch kann beendet und jederzeit weitergeführt werden. Oft reicht es für den Moment, wenn Jugendliche einen oder unterschiedliche Zukunftswege symbolisch dargestellt haben. Der Lebensstrahl ist eine Hilfe für sie, Entscheidungen selbst zu fällen – dies kann auch später erfolgen. Die Jugendlichen bestimmen selbst, wann das Experiment abgeschlossen ist, ob sie ein Folgegespräch wünschen, im Anschluss oder später über Lösungen sprechen möchten.

Wie bereits erläutert, eignet sich der Ansatz des Lebensstrahls auch bei der Betreuung von minderjährigen Flüchtlingen, und zwar aus folgenden Gründen: Die Methode kann ihnen helfen, unterschiedliche Lebensperspektiven vor dem Hintergrund einer unsicheren Aufenthaltssituation in Deutschland und einer ungewissen Familiensituation auszuloten. Weil er auf Visualisierungen setzt, kann er auch bei Jugendlichen verwendet werden, die die deutsche Sprache noch nicht gut oder noch gar nicht beherrschen. Im letzteren Fall können auch Dolmetscher*innen eingeschaltet werden. Im Folgenden soll die Methode an einem Fallbeispiel erläutert werden.

Beispiel 3.3
Murat ist 18 Jahre alt und Kurde. Seine Familie stammt aus Syrien. Er hat zwei jüngere Schwestern, seine Großeltern – sowohl mütterlicher- als auch väterlicherseits – leben noch. Aufgrund der Kriegswirrnisse flüchtete er mit einem Teil seiner Familie in den Irak. Schließlich kam Murat mit 13 Jahren als unbegleiteter minderjähriger Flüchtling nach Deutschland, wo er zunächst in einer Inobhutnahmestelle aufgenommen wurde. Danach lebte er bis zu seinem 18. Lebensjahr in einer Wohngruppe einer Jugendhilfeeinrichtung. Seit sechs Monaten wohnt er im Rahmen des betreuten Wohnens allein in einem Apartment. Ein Ehepaar, zu dem er ein gutes Verhältnis hat, übte die ehrenamtliche Vormundschaft aus. Zurzeit besucht Murat die 10. Klasse einer Realschule. Seine Eltern und Geschwister hat er seit fünf Jahren nicht gesehen: Der einzige Kontakt zu ihnen besteht über Skype. Ein Onkel und eine Tante wohnen in seiner Nähe. Die gesamte Familie ist, wie er sagt, „auseinandergerissen" – seine Eltern leben in Syrien, die Großeltern teils in Syrien, teils im Irak, der Rest der Familie in Deutschland und Österreich. Murat hat einen Asylantrag gestellt, der abgelehnt wurde. Er klagt nun gegen das Urteil. Zurzeit hat er eine Aufenthaltserlaubnis für drei Jahre (Humanitäres Aufnahmeverfahren gem. § 23 Abs. 2 und 4 AufenthG).

Murats Lebensstrahl besteht aus insgesamt 15 Einzeldarstellungen (vgl. Abb. 3.7, nächste Seite).

Vier Darstellungen sind im Lebensabschnitt der frühen Kindheit lokalisiert (Abb. 3.8, übernächste Seite):

- Seine Geburt symbolisiert Murat mithilfe einer Muschel.
- Das schwarze Auto steht für die gemeinsamen Autofahrten im Taxi mit seinem Vater, die Murat als Kind sehr genossen hat. Sein Vater hat in Syrien ein kleines Taxiunternehmen.
- In der Familie habe es sehr viel Liebe gegeben. Seine Mutter sei Hausfrau und habe jeden Tag für die gesamte Familie gekocht. Er

Abb. 3.7: Lebensstrahl Murat – Gesamtdarstellung

erinnert sich an das Mittagessen, das die Familie regelmäßig zusammen eingenommen habe (Tischszene).

- Ein unangenehmes Ereignis sei für ihn ein einmonatiger Krankenhausaufenthalt gewesen. Allerdings habe sich seine Familie, insbesondere seine Mutter, während dieser Zeit viel um ihn gekümmert (Kinderbett und weibliche Figur).

Abb. 3.8: Lebensstrahl Murat – Frühe Kindheit

Insgesamt beschreibt Murat eine stabile und familial behütete Kindheit. Der Krankenhausaufenthalt war, seiner Erinnerung nach, das einzige belastende Ereignis während seiner frühen Kindheit, welches aber durch die Fürsorge der Familie, insbesondere seiner Mutter, gleichsam abgefedert wurde. Wesentlich belastender war für ihn die Lebensphase zwischen dem 9. und 16. Lebensjahr (mittlere und späte Kindheit, frühe Jugendphase). Er wählt drei Darstellungen dafür aus (Abb. 3.9):

- Aufgrund der Kriegswirrnisse flüchtete Murat im Alter von ca. elf Jahren mit einem Teil seiner Familie in den Irak. Dies bezeichnet er als die dunkelste Zeit in seinem Leben (symbolisiert durch ein schwarzes Tuch und eine Pistole). Im Irak habe er in einem Lager gelebt und konnte die 7. Klasse besuchen. Allerdings wurde dieses Schuljahr in Deutschland nicht anerkannt.
- Ein weiteres einschneidendes Lebensereignis war die Flucht nach Europa (dargestellt durch eine Rutsche, die in einen geöffneten „Europawürfel" führt).
- In Deutschland angekommen, hatte Murat starkes Heimweh. Die Situation in der Inobhutnahmestelle habe ihm nicht gefallen, da man ihn mit vielen Aufgaben alleingelassen und über seinen Kopf entschieden habe, in welche Wohngruppe er anschließend kommen sollte: „Die haben gesagt, du musst, das hat mich geärgert ... Ich hatte keine Wahl! Es hätte besser laufen können." Auch über diese Zeit möchte er nicht weiter sprechen und verwendet als Symbol ein schwarzes Tuch (Abb. 3.9 oben).

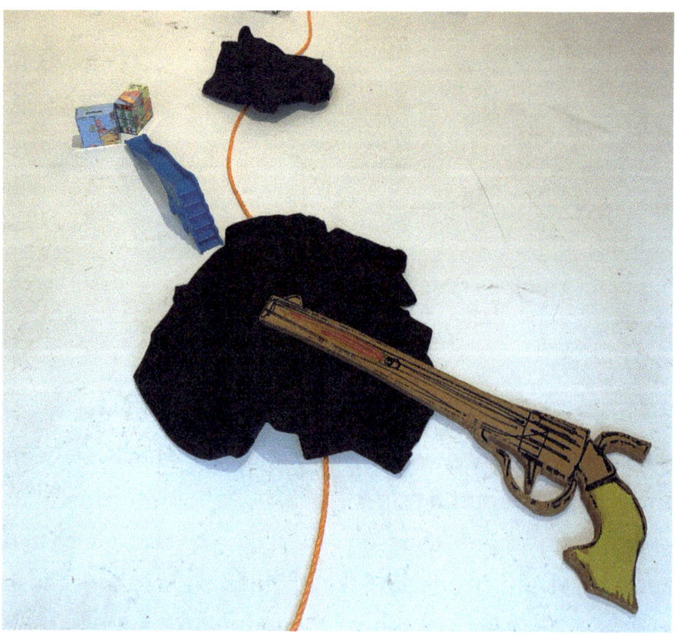

Abb. 3.9: Lebensstrahl Murat – Mittlere und späte Kindheit

Im Unterschied zur mittleren und späten Kindheit ist die Adoleszenzphase durch positive Ereignisse geprägt (Abb. 3.10):

- Ein wunderbares Ereignis war für Murat der erste selbstständige Einkauf im Supermarkt (symbolisiert durch einen vollgepackten Einkaufswagen) und der Einzug in sein Apartment, welches er mit vielen Details darstellt.
- Als Gegenwartsbild wählt Murat das gemeinsame Kartenspiel mit seinen Freunden (Abb. 3.10 links oben).

Abb. 3.10: Lebensstrahl Murat – Adoleszenz/Gegenwart

Die drei Darstellungen deuten darauf hin, dass Murat eine gewisse Autonomie (ökonomische Unabhängigkeit durch Bezug von Haushaltsgeld, eigene Wohnung) und soziale Integrität (stabiler Freundeskreis) erlangt hat. Wie er im Gespräch berichtet, bereitet ihm die Schule und seine unsichere Zukunft Stress. Sein Zukunftsweg sieht folgendermaßen aus (Abb. 3.11):

- Sein in naher Zukunft liegendes Lebensziel ist es, das Gymnasium zu besuchen und sein Abitur zu erlangen. Er möchte sehr diszipliniert

Abb. 3.11: Murat Lebensstrahl – Zukunftsszene 1

lernen (dargestellt durch die Figur am Schreibtisch). Damit will er die Erwartungen seiner Eltern erfüllen: „... dass ich meine Zukunft mache und meine Familie Stolz mache." Der Pokal auf dem Thronsessel soll das bestandene Abitur symbolisieren aber auch seinen Stolz und den seiner Eltern.

- Das Abitur bildet zugleich den Schlüssel zum Jurastudium, angedeutet durch die drei Bücher. Mit dem Beruf des Anwalts kann er seine gesamte Familie, einschließlich seiner Großeltern, nach Deutschland holen – symbolisiert durch die Grillszene (die Figur am Grill steht für Murat).

- Das Bild zeigt ihn in der fernen Zukunft mit Frau und Kind als Anwalt, der sich für Gerechtigkeit einsetzt (Abb. 3.11 oben links). Als reicher Anwalt (symbolisiert durch die Geldstücke, Abb. 3.11 oben rechts) möchte er seiner Frau und seinen Schwestern schöne Kleider kaufen (dargestellt unter dem Fragezeichen), seiner Familie ein Haus bauen (siehe das Haussymbol auf dem Glas) und Oldtimer sammeln.

Wie Murat in dem Gespräch erwähnt, sei dies seine Traumzukunft, die allerdings mit vielen Unwägbarkeiten verbunden sei. Er weiß nicht, ob er das Abitur erreichen kann, einen Asylstatus bekommt und ob er seine Familie nachholen darf. Auch stellt er fest, dass der Beruf des Anwalts ihn in eine Sackgasse führen könnte, da er ihn im Falle einer Rückkehr nach Syrien dort nicht ausüben kann. Im Rahmen eines fragend-erörternden sozialpädagogischen Gesprächs entscheidet er sich, einen Plan B zu entwickeln (Abb. 3.12):

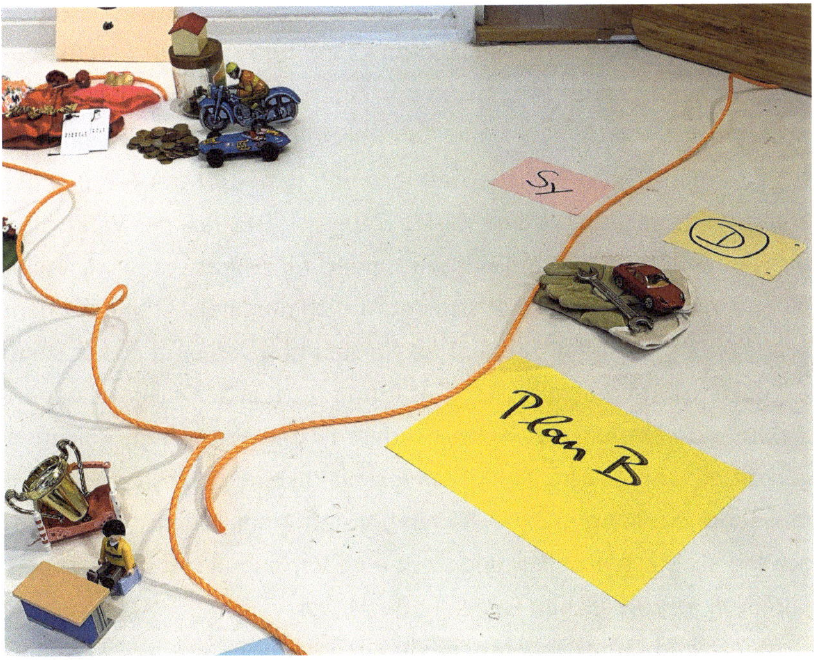

Abb. 3.12: Lebensstrahl Murat – Zukunftsszene 2 (Plan B)

- Sein Plan B sieht die Ausbildung zum Kfz-Mechatroniker vor (dargestellt durch Arbeitshandschuhe, Schraubenschlüssel und Auto).
- Mit diesem Berufsabschluss könne er sowohl in Deutschland (D) als auch in Syrien (Sy) arbeiten. In seiner alten Heimat habe er die Möglichkeit, den Taxibetrieb seines Vaters mit einer eigenen Kfz-Werkstatt auszubauen.

Übung 3.2

Bevor Sie weiterlesen: Studieren und vergleichen Sie die Abbildungen 3.8, 3.11 und 3.12. Sowohl im Kindheitsbild als auch in beiden Zukunftsbildern taucht ein ähnliches Objekt auf. Versuchen Sie zu deuten, welche Bedeutung es für Murat innerhalb der unterschiedlichen Lebensphasen hat.

Wie Sie sicherlich festgestellt haben, taucht in allen drei Abbildungen ein Auto auf. Es scheint sowohl für die Vergangenheit als auch für die Zukunft von Relevanz zu sein, allerdings mit unterschiedlichen Bedeutungsinhalten gefüllt. Das Taxi in der Kindheitserinnerung bildet eine Brücke zum Vater bzw. zur Vater-Sohn-Beziehung und steht gleichzeitig für den ursprünglichen Lebenserwerb und den Stolz der Familie, der aufgrund des Krieges in eine Krise geraten ist. Das Taxi des Vaters und die gemeinsamen Fahrten mit ihm bilden für Murat einen wichtigen biografischen Sockel, den er sich vermutlich durch die Arbeit mit dem Lebensstrahl wieder in Erinnerung gerufen und von dem aus er seine Zukunftsvisionen gestaltet hat. Das Auto taucht in der Zukunftsszene 1 als Luxusobjekt auf, das neben anderen Objekten seinen Reichtum verkörpern soll. Es erfüllt als Sammlerobjekt keine praktische Funktion im Leben. Das Auto in „Plan B" symbolisiert einen möglichen Lebenserwerb als Mechatroniker und stellt eine Verbindung zu seinem Vater und dem ursprünglichen Familienerwerb her.

Wir haben Murat gebeten, beide Zukunftswege abzuschreiten und anschließend seine Gefühle zu beschreiben. Er teilte uns mit, dass der

Plan B ihn mit mehr Stolz erfülle als der Zukunftsplan 1 und besser zu seiner Familie passe. Außerdem sei der Plan B für ihn mit weniger Gefahren der Enttäuschung verbunden. Allerdings müsse er auf Luxus verzichten.

Das Fallbeispiel zeigt, dass die Methode des Lebensstrahls es Jugendlichen, die in einer schwierigen Orientierungsphase sind, ermöglicht, einerseits Lebensutopien zu entwerfen und andererseits an biografische Erfahrungen anknüpfend „bodenständige" Zukunftsentwürfe zu machen, die ihnen Sicherheit geben. Aus fachlicher Sicht scheint es sinnvoll, Murat zu unterstützen, sich beide Zukunftswege offenzuhalten, ihm aber zunächst bei der Realisierung eines Nahziels, das Erreichen des Abiturs, zu helfen.

3.4 Zusammenfassung

In diesem Kapitel haben Sie drei Handlungsansätze des Sozialpädagogischen Fallverstehens gründlich kennengelernt. Was sie auszeichnet, ist, dass die Klient*innen unterstützt werden, ihre biografischen Erfahrungen, gegenwärtige Lebenssituationen und Zukunftsvisionen bildlich-symbolisch darzustellen. Dadurch, dass sie sich Erlebtes, Gegenwärtiges und Erwünschtes vor Augen führen, können sie aus einer Distanz heraus ihr Leben betrachten. Diese Art von Dezentrierung ermöglicht es Klient*innen im Rahmen eines fragend-erörternden sozialpädagogischen Gesprächs mit Unterstützung der sozialpädagogischen Fachkraft lebensrelevante Veränderungen zu thematisieren und Lösungswege zu entwickeln. Das Familienszenario kann insbesondere für die Soziale Arbeit mit Eltern eingesetzt werden, zum Beispiel in Beratungsstellen, Maßnahmen der Familienbildung oder in den Hilfen zur Erziehung. Für die Soziale Arbeit mit Jugendlichen eignen sich Netzwerkkarten und der Lebensstrahl. Erstere fokussieren die sozialen Beziehungen und die Mobilisierung von sozialen Ressourcen. Der Lebensstrahl eignet sich insbesondere für Jugendliche, die vor einer schwierigen Lebensentscheidung stehen. Die Methode ermöglicht es ihnen, unterschiedliche

Zukunftsperspektiven zu entwickeln und zu bewerten. Beide Methoden können in Beratungsstellen, in der offenen Kinder- und Jugendarbeit, im Rahmen von stationären und ambulanten Hilfen, aber auch in der Schulsozialarbeit angewendet werden.

Aufgaben zur Selbstüberprüfung

Aufgabe 3.1

Anhand der Familiendarstellungen von Frau Schulz (Beispiel 3.1) ist es Ihnen gelungen, die zentralen Differenzerfahrungen von Frau Schulz zu beschreiben. Auch in den bildlichen Darstellungen von David (Beispiel 3.2) und Murat (Beispiel 3.3) ergeben sich wichtige Kontraste, die auf lebensrelevante Differenzerfahrungen hindeuten. Versuchen Sie anhand der Abbildungen die wesentlichen Differenzerfahrungen von David und Murat in wenigen Sätzen zu formulieren.

Aufgabe 3.2

Um die visualisierenden Methoden später einzusetzen, benötigen Sie Übung: Wiederholen Sie das Vorgehen und die einzelnen Arbeitsschritte für das Erstellen von Netzwerkkarten und eines Lebensstrahls. Führen Sie beide Methoden an sich (oder an einer anderen Person, oder beides) aus. (Falls Sie für den Lebensstrahl in Ihrer Wohnung nicht genügend Objekte zur Verfügung haben, können Sie über einen Flohmarkt streifen, dort werden sie mit Sicherheit fündig. Das Material können Sie auch später für Ihre praktische Arbeit verwenden).

Schlussbetrachtung

Gegenstand dieses Studienheftes war das Sozialpädagogische Fallverstehen in der praktischen Arbeit mit Familien. Es konnte gezeigt werden, dass Sozialpädagogisches Fallverstehen ein ko-konstruktivistischer Interaktionsprozess zwischen Klient*innen und sozialpädagogischen Fachkräften ist. Das heißt Eltern, Kinder oder Jugendliche klären gemeinsam mit Sozialpädagog*innen, wer welche Probleme mit wem hat, und entwickeln Handlungspläne zur Verbesserung ihrer Lebenssituation. Den Klient*innen wird mit Unterstützung der Professionellen bewusst gemacht, dass sie Expert*innen ihrer eigenen Lebenssituation sind. Sozialpädagogisches Fallverstehen ist somit ein Aktivierungsprozess: Eltern, Kinder und Jugendliche werden motiviert, ihre Lebenssituation (unter Umständen auch neu) zu deuten, Lösungswege zur Verbesserung ihrer Lebenslage zu erkennen und entsprechende Ressourcen zu mobilisieren. Sozialpädagogisches Fallverstehen umfasst einerseits das Transparentmachen der subjektiven Deutungsmuster der Klient*innen als Grundlage für das gemeinsame Erarbeiten von Ziel- und Handlungsplänen, andererseits auch die Generierung einer fachlichen Einschätzung durch Sozialpädagog*innen im Sinne einer Fremddeutung. Letztere kann an die Klient*innen zurückgespiegelt werden, sie dient aber in erster Linie zur Einschätzung des Hilfebedarfs und der Legitimierung professionellen Handelns sowie des Einsatzes öffentlicher Ressourcen (z. B. Gewährung einer Hilfe zur Erziehung durch das Jugendamt).

Für das Fallverstehen stehen Fachkräften unterschiedliche Handlungsansätze zur Verfügung. Handlungsansätze sind Methoden, das heißt zielgerichtete und mehr oder weniger standardisierte Vorgehensweisen. In dieser Abhandlung haben Sie sich mehrere Handlungsansätze aneignen können: das fragend-erörternde sozialpädagogische Gespräch, die Sozialpädagogische Diagnose, das Familienszenario, Netzwerkkarten und den Lebensstrahl. Damit haben Sie sich einen

Methodenfundus erarbeitet, auf den Sie beim professionellen Handeln in der Sozialen Arbeit zurückgreifen können. Es gibt allerdings noch weitere Methoden, die Sie sich im Verlauf Ihres Studiums oder danach erarbeiten können.

Um die Methoden des Fallverstehens sicher anwenden zu können, empfehle ich Ihnen, diese kontinuierlich einzuüben. Sie können sie zunächst an sich selbst ausprobieren oder mit Personen (Kolleg*innen oder Kommiliton*innen), die Sie kennen.

Methoden sind bestimmte Vorgehensweisen, um ein Ziel zu erreichen. In der Sozialen Arbeit besteht dies darin, Menschen dabei zu unterstützen, ihre Probleme selbst zu lösen. Sie können dies nicht stellvertretend für sie tun. Handlungsanweisungen und Rezepte sind für Klient*innen wenig hilfreich, da sie sie oft nicht in ihre Lebensrealität übersetzen können (das heißt aber nicht, dass Fachkräfte Klient*innen keinen Rat geben können, wenn sie direkt darum bitten). Die beste Motivation und Energie erlangen die Klient*innen, wenn sie selbst eigene Ideen zur Verbesserung ihrer Lebenssituation entwickeln. Die Rolle der sozialpädagogischen Fachkraft besteht darin, Eltern, Kindern und Jugendlichen Methoden dafür anzubieten, zu Selbstdeutungsprozessen zu motivieren und diese zu moderieren, aber auch darin, ihnen Zuspruch zu geben und ihnen mit Taktgefühl zu begegnen. Der Erfolg Sozialer Arbeit setzt nicht nur Methoden, sondern auch eine professionelle und menschliche Haltung den Klient*innen gegenüber voraus (siehe Grundregeln 1–6 in Kapitel 1).

Literatur

Albrecht, G. & Groenemeyer, A. (Hrsg.) (2012): Handbuch Soziale Probleme. Wiesbaden: VS Verlag für Sozialwissenschaften.

Aliaga, C. (2006): Wie verbringen Frauen und Männer in Europa ihre Zeit? In: Statistik kurz gefasst – Bevölkerung und soziale Bedingungen 4. Europäische Gemeinschaften. www.ec.europa.eu/eurostat/documents/3433488/5438897/KS-NK-06-004-DE.PDF.pdf/b7b8972c-9f2d-48b2-b112-20d3cdc853a2?t=1414690350000 (21. 09. 2021).

Berghaus, M. (2020): Erleben und Bewältigen von Verfahren zur Abwendung einer Kindeswohlgefährdung aus Sicht betroffener Eltern. Weinheim, Basel: Beltz Juventa.

Bundesministerium für Familie, Senioren, Frauen und Jugend (BMFSFJ) (Hrsg.) (2006): Siebter Familienbericht: Familie zwischen Flexibilität und Verlässlichkeit: Perspektiven für eine lebenslaufbezogene Familienpolitik. Berlin. www.bmfsfj.de/blob/76276/40b5b103e693dacd4c014648d906aa99/7--familienbericht-data.pdf (12. 08. 2021).

Buttner, P., Röh, D., Gahleitner, S. B. & Hochuli Freund, U. (Hrsg.) (2018): Handbuch Soziale Diagnostik. Perspektiven und Konzepte für die Soziale Arbeit. Freiburg im Breisgau: Lambertus.

Cinkl, S. & Krause, H. (2011): Praxishandbuch Sozialpädagogische Familiendiagnosen. Verfahren, Evaluation, Anwendung im Kinderschutz. Opladen: Barbara Budrich.

Cinkl, S. & Uhlendorff, U. (2021): Sozialpädagogische Familiendiagnosen. Deutungsmuster familiärer Belastungssituationen und erzieherischer Notlagen in der Jugendhilfe. 3., überarb. u. erw. Aufl. Weinheim, Basel: Beltz Juventa.

Cinkl, S. (2017): Den Subalternen eine Stimme geben. Sozialpädagogische Diagnosen für Kinder, Jugendliche und Familien. In: A. Eggert-Schmid Noerr, U. Finger-Trescher, J. Gstach & D. Katzenbach (Hrsg.): Zwischen Kategorisieren und Verstehen. Diagnostik in der psychoanalytischen Pädagogik – Jahrbuch für Psychoanalytische Pädagogik 25. Gießen: Psychosozial, S. 39–57.

Cooper, B. (2001): Constructivism in Social Work: Towards a Participative Practice Viability. In: British Journal of Social Work 31 (5), S. 721–738.

Euteneuer, M. & Uhlendorff, U. (2020): Familie und Familienalltag als Bildungsherausforderung. Weinheim, Basel: Beltz Juventa.

Euteneuer, M., Schwabe, M., Uhlendorff, U. & Vust, D. (2020): Die Systemische Interaktionstherapie und Beratung in den Erziehungshilfen. Theorie und Praxis eines elternaktivierenden Ansatzes. Weinheim, Basel: Beltz Juventa.

Galuske, M. (2011): Methoden der sozialen Arbeit. 9. Aufl. Weinheim, Basel: Beltz Juventa.

Geißler, K. A. & Hege, M. (1995): Konzepte sozialpädagogischen Handelns. 7., unveränd. Aufl. München: Juventa.

Goodman, N. (1997): Sprachen der Kunst. Entwurf einer Symboltheorie. Frankfurt am Main: Suhrkamp.

Grunow, D., Schulz, F. & Blossfeld, H.-P. (2007): Was erklärt die Traditionalisierungsprozesse häuslicher Arbeitsteilung im Eheverlauf: Soziale Normen oder ökonomische Ressourcen? In: Zeitschrift für Soziologie 36 (3). Stuttgart: Lucius & Lucius, S. 162–181.

Grunwald, K. & Thiersch, H. (Hrsg.) (2004): Praxis Lebensweltorientierter Sozialer Arbeit, Handlungszugänge und Methoden in unterschiedlichen Arbeitsfeldern. Weinheim, München: Juventa.

Heiner, M. (Hrsg.) (2004): Diagnostik und Diagnosen in der Sozialen Arbeit – Ein Handbuch. Gelsenkirchen: VSTP.

Kaufmann, J.-C. (1994): Schmutzige Wäsche: zur ehelichen Konstruktion von Alltag. Konstanz: UVK.

Kessl, F. (2021): Die Macht (sozial-)pädagogischer Beratung. Eine Betrachtung gegenwärtiger Bestimmungsvorschläge. In: Zeitschrift für Sozialpädagogik 2, S. 186–203.

Kliche, D. (2012): Qualitätsentwicklung sozialpädagogischer Arbeit mit jungen Müttern und Vätern in Mutter/Vater-Kind Einrichtungen. www.eldorado.tu-dortmund.de/handle/2003/29749 (13. 08. 2021).

Lindemann, H. (2018): Systemisch-lösungsorientierte Gesprächsführung in Beratung, Coaching, Supervision und Therapie: Ein Lehr-, Lern- und Arbeitsbuch für Ausbildung und Praxis. Göttingen: Vandenhoeck & Ruprecht.

Merchel, J. (1995): Hilfeplanung als Aushandlung des Hilfebedarfs. In: Blätter der Wohlfahrtspflege – Deutsche Zeitschrift für Sozialarbeit 5, S. 100–116.

Michel-Schwartze, B. (Hrsg.) (2009): Methodenbuch Soziale Arbeit. 2. Aufl. Wiesbaden: VS Verlag für Sozialwissenschaften.

Mollenhauer, K. (1972): Theorien zum Erziehungsprozess: Zur Einführung in erziehungswissenschaftliche Fragestellungen. München: Juventa.

Mücher, F. & Uhlendorff, U. (2015): Das fragend-begleitende Gespräch. Sozialpädagogische Diagnostik im Kontext von Jugendwohnungslosigkeit. In: B. Dollinger & S. Oelkers (Hrsg.): Sozialpädagogische Perspektiven auf Devianz. Weinheim, Basel: Beltz Juventa, S. 49–67.

Müller, B. (1993): Multiperspektivische Fallarbeit. Freiburg im Breisgau: Lambertus.

Oswald, H. (1994): Der Jugendliche. In: D. Lenzen (Hrsg.): Erziehungswissenschaft: Ein Grundkurs. Hamburg: Rowohlt.

Pearson, R. E. (1997): Beratung und soziale Netzwerke. Eine Lern- und Praxisanleitung zur Förderung sozialer Unterstützung. Weinheim: Beltz.

Schilling, J. (1993): Didaktik, Methodik der Sozialpädagogik. Grundlagen und Konzepte. Neuwied: Luchterhand.

Schiwarov, J. (2019): Methoden der Beratung – mit Eltern und Bezugspersonen. In: M. Ledig, G. Merget, C. Püttmann, U. Uhlendorff & H. Weyhe (Hrsg.): Kompetent Erziehen. Erziehen als Profession – Lernfelder 4–6. Köln: Bildungsverlag EINS, S. 450–467.

Spiegel, H. v. (2011): Methodisches Handeln in der Sozialen Arbeit. 4. Aufl. München: Ernst Reinhardt.

Stimmer, F. (2006): Grundlagen des methodischen Handelns in der Sozialen Arbeit. 2. Aufl. Stuttgart: Kohlhammer.

Uhlendorff, U. (2003): Geschichte des Jugendamtes. Entwicklungslinien öffentlicher Jugendhilfe 1871 bis 1929. Weinheim, Basel: Beltz.

Uhlendorff, U. (2010): Sozialpädagogische Diagnosen III. Ein sozialpädagogisch-hermeneutisches Diagnoseverfahren für die Hilfeplanung. Weinheim, München: Juventa.

Uhlendorff, U., Euteneuer, M. & Sabla, K.-P. (2013): Soziale Arbeit mit Familien. München: Ernst Reinhardt.

Witzel, M. (2019): Arbeitsfeld Hilfen zur Erziehung: Beobachtungs- und Dokumentationsverfahren zur Erfassung von Entwicklungs- und Bildungsprozessen. In: M. Ledig, G. Merget, C. Püttmann, U. Uhlendorff & H. Weyhe (Hrsg.): Kompetent Erziehen. Erziehen als Profession – Lernfelder 4–6. Köln Bildungsverlag EINS, S. 151–157.

Abbildungsverzeichnis

Sachwortverzeichnis

Anhang und Online-Materialien

Der Anhang dieses Buches wird ebenfalls als Online-Material angeboten. Die Online-Materialien sind unter www.beltz.de auf der Produktseite des Buches zu finden. Beachten Sie bitte die Groß- und Kleinschreibung des Kennworts.

Kennwort: SozPädFallverstehen_Juventa_2022

A. Interviewleitfaden

Interviewleitfaden für die Eltern

1. Zu Beginn möchten wir mit Ihnen über Ihre allgemeine Lebenssituation sprechen.
Bitte erzählen Sie uns zuerst etwas über Ihre Familie: Wer gehört dazu? Wer macht was? Wie wohnen Sie usw.? *(Alle Familienmitglieder • Alter • Beschäftigung, Zufriedenheit damit? • Bei Stieffamilien: wer gehört zu wem? • Wohnung: wie groß? • Zufrieden damit/genug Platz für jeden? • Wie lange schon vor Ort? • Zufriedenheit mit Wohnumfeld? • Nachbarn • Spielmöglichkeiten für Kinder • Eigene Eltern/Verwandte in der Nähe?)*

An dem Punkt möchten wir Sie, um das zusammenzufassen, um einige kurze Angaben zu Ihnen selbst und zu Ihrem*Ihrer Partner*in bitten *(Schon Erwähntes auslassen oder sich eventuell noch mal rückversichern):*

- Wie alt sind Sie?
- Wo sind Sie geboren?
- Was für einen Beruf haben Sie erlernt und welche Tätigkeit üben Sie jetzt aus?
- Was waren die Berufe Ihrer Eltern?

Zu Ihrem*Ihrer Partner*in:

- Wie alt ist er*sie?
- Wo ist er*sie geboren?
- Was für einen Beruf hat er*sie erlernt und welche Tätigkeit übt er*sie jetzt aus?
- Was waren die Berufe seiner*ihrer Eltern?

Eine Frage, die Sie nicht beantworten müssen, die uns aber doch wichtig ist: Wie viel Geld haben Sie monatlich zur Verfügung? *(Größenordnungen: < 1 000 EUR, < 1 500, < 2 000, > 2 000 • Wie setzen sich die Einkünfte zusammen?)*

Reicht das für die Familie aus? *(Taschengeld für die Kinder?)*

2. Wir möchten nun den Blick mit Ihnen eher in die Vergangenheit richten.

Könnten Sie uns bitte kurz Ihre persönliche Lebensgeschichte erzählen? *(Herkunftsfamilie und deren Vorstellung von Familie/Erziehung • Besondere Ereignisse • Ausbildung • berufliche Laufbahn • Was hat insgesamt besonders geprägt? • Eventuell Jahreszahlen erbitten)*

Erzählen Sie uns bitte auch kurz die Geschichte der Familie *(Partner*in kennengelernt • Familiengründung • Kinder/Zuordnung verschiedener Partnerschaften: wer lebt wo? • Was für Erwartungen haben Sie an eine Partnerschaft? Haben sich diese bei Ihnen auch erfüllt?)*

Was hätte denn in Ihrem Leben rückblickend anders verlaufen können? Könnten Sie versuchen, ebenso kurz auch die Lebensgeschichte Ihres*Ihrer Partner*in zu erzählen?

3. Wir möchten nun zur Gegenwart zurückkommen und Ihnen einige Fragen zum Alltag in Ihrer Familie stellen.

Könnten Sie uns bitte beschreiben, wie ein normaler Tag für Sie abläuft? *(Zeiteinteilung • Zeit miteinander • Gemeinsame Mahlzeiten • Möglichkeiten, etwas zu besprechen • Zeitknappheit? Warum? • Wann Zeit füreinander? • Hausaufgaben erledigen: wo, wie, mit wem? • Kommt jemand am Tag mit seinen*ihren Interessen und Bedürfnissen zu kurz? • Wer hat Stress? Warum? • Was machen Sie abends, wenn die Kinder im Bett sind?)*

Wie sind denn die Aufgaben in der Familie verteilt? – Wer ist wofür zuständig? *(Einzelne Mitglieder, auch Kinder • Zufriedenheit mit Verteilung? • Kontakte mit Ämtern/Institutionen • Wer kümmert sich? • Wie hoch ist der Aufwand?)*

Wie sieht ein normaler Tag am Wochenende bei Ihnen aus? *(Wer entscheidet wie über Aktivitäten?)*

Gibt es bei Ihnen bestimmte Gewohnheiten, die allen Familienmitgliedern wichtig sind? *(z. B. am Wochenende oder beim Zu-Bett-Gehen?)*

4. Bei den nächsten Fragen möchten wir uns eher auf die Erwachsenen in der Familie konzentrieren.
Könnten Sie bitte versuchen zu beschreiben, wie Sie sich selbst als Mutter/Vater sehen? *(Erwartungen an sich selbst • Idealbild von Mutter/Vater: eventuell so wie eigene Mutter/Vater?• Erwartungen der anderen Familienmitglieder • Zufriedenheit mit Rolle?)*

Welche besonderen Belastungen gibt es da für Sie?

Fühlen Sie sich dabei gut genug unterstützt? *(Aufgabenteilung • Wer hilft wann? • Auch Personen von außerhalb der Familie?)*

Was bedeutet Ihre Familie insgesamt für Sie?

Bitte beschreiben Sie uns auch, wie Sie Ihre*n Partner*in als Vater/Mutter sehen. *(Wie sieht er*sie sich selbst? • Erwartungen an seine*ihre Haltung • Welche Aufgaben hat er*sie in der Familie?)*

Welche besonderen Belastungen gibt es da für ihn*sie?

Wer unterstützt ihn*sie dabei? *(Ausreichend? • Wo erfährt er*sie Unterstützung • Durch wen?)*

An diese Stelle doch noch eine Frage zu den Kindern: Wie gehen diese miteinander um? *(Wer spielt miteinander? • Wer hilft sich gegenseitig? • Streitparteien usw. • Worüber wird gestritten? (siehe auch Punkt 5))*

5. Damit wieder zum Zusammenleben der ganzen Familie. Viele Dinge im Leben haben ja eine hellere und eine dunklere Seite.
Können Sie uns solche helleren und dunkleren Punkte im Zusammenleben der Familie beschreiben? *(Worüber besteht Einigkeit • Worüber wird gestritten?)*

Was sind in der Familie typische Anlässe von Streit? Wer streitet dann mit wem und wie wird damit umgegangen? *(Einzelne Familienmitglieder • Wie reagieren sie/was sind ihre Themen usw. • Besteht Einigkeit mit dem*der Partner*in? • Worüber bestehen Konflikte in der Partnerschaft • Wie werden sie gelöst?)*

6. Das nächste Thema, über das wir mit Ihnen sprechen möchten, betrifft Ihre Kinder.
Wenn Sie Ihre Kinder der Reihe nach durchgehen, wie würden Sie die einzelnen kurz beschreiben? *(Besondere Themen • Kurze Anekdoten • Beziehungen zwischen den Kindern • Besondere Bedürfnisse, Eigenarten, Sorgen)*

Was ist Ihnen bei der Erziehung besonders wichtig? *(Kann das auch umgesetzt werden? • Was hindert sie daran? • Wie sieht das der*die Partner*in? • Besteht da Einigkeit? • Warum nicht? • Erziehungsstil (neutral beschreiben): Was ist verboten? Wie reagieren Sie auf ein Übertreten? Reagieren Sie da immer gleich oder manchmal auch anders?)*

Was sollten Ihre Kinder von Ihnen lernen?

Welche Werte wollen Sie Ihnen vermitteln?

Was ist in Hinsicht auf Ihre Kinder im Moment das Thema, worüber Sie sich am meisten Gedanken machen? *(Haben Sie das Gefühl, dass eins oder mehrere Kinder eher zu kurz kommen?)*

Was wünschen Sie Ihren Kindern für die Zukunft?

7. Das nächste Thema betrifft mögliche HIlfen für Sie und Ihre Familie. Welche sind aus Ihrer Sicht die aktuellen Hauptschwierigkeiten, mit denen Sie persönlich oder die ganze Familie zu kämpfen haben? Wo würden Sie sich mehr Unterstützung wünschen? *(Sie persönlich • Die Eltern • Die Kinder • Die ganze Familie • Erziehung der Kinder)*

Von wem würden Sie solche Hilfen erwarten?

Wie gehen Sie selbst mit den Schwierigkeiten um? *(Was könnten Sie da noch anders machen?)*

Gibt es noch andere Menschen oder Gruppen, die für Sie eine Hilfe darstellen? *(Eigene Eltern • Verwandte • Freunde • Nachbarschaft)*

Wie sind da Ihre bisherigen Erfahrungen mit Einrichtungen wie Schulen, Kindergarten, Hort usw.?

Wie ist das bisher mit dem Jugendamt oder ähnlichen Einrichtungen gewesen? Was für Hilfen haben Sie von dieser Seite schon erhalten? *(Anlässe für Hilfen • Welche Probleme wurden berücksichtigt? • Erfahrungen mit Hilfen/mit dem Jugendamt • Waren sie hilfreich? • Wenn nein: warum? Wenn ja: inwiefern? • Was kann mit welchen Mitarbeiter*innen besprochen werden?)*

Wie ist das im Moment? Welche Hilfen erhalten Sie, was soll laut Hilfeplan erreicht werden? *(Wer hat entschieden, dass diese Hilfen geleistet werden sollen? Ist das erreichbar? Warum (nicht)? • Wer führt die*

Hilfen durch? • Zufriedenheit damit • Welche Probleme können damit gelöst werden, welche nicht?)

Wie müsste Ihrer Meinung nach ein idealer Hilfeplan für Ihre Familie aussehen? *(Was müsste er enthalten und wer müsste daran beteiligt werden?)*

8. Zum Schluss noch drei Fragen.

Was für Pläne haben Sie für sich und für Ihre Familie? *(Was wollen Sie gerne in den nächsten Jahren erreichen?)*

Wenn Sie drei Wünsche frei hätten, was würden Sie sich für sich selbst und für Ihre Familie wünschen?

Gibt es noch etwas, das Sie gerne ergänzen möchten, das noch nicht im Interview angesprochen wurde oder zu kurz gekommen ist?

Interviewleitfaden für Jugendliche

1. Als erstes möchten wir mit dir über deinen Tagesablauf und deine Hobbys reden.
Wie sieht bei dir ein ganz normaler Tagesablauf aus? Was machst du von morgens bis abends? Beschreib doch mal!

Was machst du meistens am Wochenende? *(Eventuell das letzte Wochenende beschreiben lassen)*

Was sind deine Hobbys? Was machst du gern, wenn die Schule vorbei ist und du deine Hausaufgaben erledigt hast?

2. Als nächstes möchten wir mit dir über deine Erfahrungen mit Schule und Ausbildung sprechen.
Auf welche Schule gehst du zurzeit? In welche Klasse? *(Welche Ausbildung machst du zurzeit?)*

Wie läuft es zurzeit in der Schule/mit der Ausbildung?

Wie verstehst du dich mit den Lehrer*innen/Ausbilder*innen?

Wie kommst du mit deinen Mitschüler*innen klar?

Was könnte anders oder besser sein?

Von welchen Einrichtungen außer Schule wirst du betreut (z. B. Hort, Tagesgruppe, Trainingskurs)?

- Wenn ja: Bist du mit der Betreuung zufrieden?

Falls der*die Jugendliche Hilfen zur Erziehung in Anspruch nimmt:

- Seit wann bist du in der ... Tagesgruppe/Beratung?
- Was gefällt dir an dem Angebot gut?
- Was gefällt dir nicht so gut? Was könnte besser sein?

Welche Zukunftspläne hast du? *(Was möchtest du später beruflich machen? • Wie möchtest du später mal leben?)*

Denkst du, dass deine Pläne in Erfüllung gehen? Was muss passieren, damit sie sich erfüllen?

3. Bei dem nächsten Thema geht es um Freundschaft.

Hast du Freunde?

Wo trefft ihr euch? Was macht ihr zusammen?

Wo leben deine Freunde?

Wie verstehst du dich mit den Kindern/Jugendlichen in deiner Nachbarschaft und im Stadtviertel (Dorf) hier?

Welche Treffpunkte (Spielmöglichkeiten) gibt es hier in deiner näheren Umgebung?

4. Das nächste Thema, über das wir mit dir sprechen möchten, heißt Familie und Familienleben.

Mit wem wohnst du zurzeit zusammen?

- War das schon immer so?
- Seit wann wohnt ihr hier?
- Hast du ein eigenes Zimmer?

Beschreib doch bitte mal kurz deine Familiengeschichte: Wo und bei wem bist du aufgewachsen? Wer hat sich alles um dich gekümmert?

Welche Familienmitglieder kümmern sich zurzeit um dich, wer ist für deine Erziehung zuständig?

Beschreib doch bitte kurz einen ganz normalen Tagesablauf in eurer Familie!

- Welche Mahlzeiten nehmt ihr gemeinsam ein?
- Was sind die Gelegenheiten, wo ihr – also du, deine Eltern und deine Geschwister – alle zusammenkommt?

Wer macht bei euch was im Haushalt?

- Hilfst du auch im Haushalt mit?
- Welche Aufgaben im Haushalt machst du gern? Welche nicht so gern?
- Findest du die Aufgabenverteilung in deiner Familie gerecht?

Wie ist das mit den Hausaufgaben: Wo und wann machst du deine Hausaufgaben?

- Wer hilft dir bei den Hausaufgaben?
- Brauchst du noch mehr Unterstützung bei den Hausaufgaben?

Jetzt hast du uns erzählt, wo und welche Unterstützung du bei den Hausaufgaben benötigst. Gibt es noch andere Bereiche, bei denen du Hilfe oder Unterstützung brauchst?

Wie ist das mit den anderen Familienangehörigen: Braucht deine Mutter im Alltag noch mehr Unterstützung?

- Wenn ja: wo und wie?

Wie ist das bei deinem Vater? Braucht er Unterstützung im Alltag, also hier in der Familie?

- Wenn ja: wo und wie?

Wie siehst du das bei deinen Geschwistern? Brauchen sie mehr Hilfe und Unterstützung?

- Wenn ja: wo und wie?

Beschreib doch mal deinen Vater!

- Wie verstehst du dich zurzeit mit deinem Vater?

Beschreib doch mal deine Mutter!

- Wie verstehst du dich zurzeit mit deiner Mutter?

Beschreib auch deine Geschwister!

- Wie verstehst du dich zurzeit mit deinen Geschwistern?

Wie ist das mit deinen Großeltern? Hast du Kontakt zu ihnen, kümmern sie sich um dich?

Wie verstehen sich deine Eltern zurzeit?

Gibt es auch mal Ärger oder Streit bei euch zu Hause?

- Wenn ja: wann gibt es meistens Streit? Worum geht es?
- Wenn es Ärger oder Streit gibt, wie wird das dann geregelt? Wie vertragt ihr euch wieder?

Wie reagieren deine Eltern auf dich, wenn du etwas tust, was sie nicht mögen, oder was sie dir verboten haben?

- Wie ist das mit Verbieten und Strafen bei euch zu Hause?
- An welche Regeln musst du dich in der Familie halten?
- Findest du die Regeln gerecht? Was könnte anders sein?

Wie würdest du die Erziehung deiner Eltern beschreiben? Sind sie eher streng oder nicht so streng?

Wenn du Vater oder Mutter wärst, was würdest du anders machen?

Wie läuft zurzeit das Zusammenleben in der Familie?

Was könnte in deiner Familie oder im Haushalt anders, also besser sein?

Wenn du einen Hilfeplan oder Änderungsplan für dich oder deine Familien aufstellen könntest, was müsste er enthalten?

5. Zum Schluss noch zwei Fragen.
Was wünschst du dir für deine Familie?

Wenn du drei Wünsche frei hättest, was würdest du dir für dich wünschen?

B. Bearbeitungshinweise zu den Übungen

Kapitel 1

Übung 1.1

Ein wesentliches Ziel der Beratungsstelle ist es, Eltern im Rahmen einer Kurzzeitberatung dabei zu unterstützen, ihre Probleme mithilfe der Beratung selbstständig zu reflektieren, und zu aktivieren, eigene Lösungswege zu entwickeln und umzusetzen. Es handelt sich dabei um ein niedrigschwelliges (auch niederschwellig genanntes) Angebot in dem Sinne, dass es von den Eltern, Kindern und Jugendlichen mit geringem Aufwand wahrgenommen werden kann. Im Zentrum steht dabei das Sozialpädagogische Fallverstehen. Dies ist das Konzept der Beratungsstelle. Die Fachkräfte bedienen sich dabei unterschiedlicher Methoden.

Übung 1.2

Bei der Recherche sollten Sie die neueste Fassung des SGB VIII zur Hand nehmen. Das Gesetz wurde reformiert, viele Paragrafen wurden verändert. Die Veränderungen traten unter dem Terminus „Kinder- und Jugendstärkungsgesetz (KJSG) am 10. 06. 2021 in Kraft.

Übung 1.3

Wie Sie sicherlich beim Einüben feststellen werden, nehmen Beratungsgespräche oft einen unvorhergesehenen Verlauf. Die Abbildung 1.2 zeigt einen Idealverlauf. In vielen Beratungsgesprächen bilden sich nicht immer alle fünf Phasen nacheinander ab. Gelegentlich wird die eine übersprungen oder die andere wiederholt. Oft endet ein sozialpädagogisch-erörterndes Gespräch mit der Phase „Paraphrasierung der Problembeschreibung“. Die Ursache dafür muss nicht unbedingt ein Kunstfehler des professionellen Beraters sein. Oft ist das Thema so komplex oder die emotionale Dynamik so stark, dass mehrere Sitzungen erforderlich sind, um zur Erörterung und zum Einüben von Lösungswegen zu kommen. Eine Herausforderung von Fachkräften der Sozialen Arbeit besteht darin, die Klient*innen zu unterstützen, sich von ihrer Problemtrance (Problemstarre) zu befreien und sich in einen aktiven Zustand zu versetzen, in dem sie sich für die Lösung ihrer Probleme selbstverantwortlich fühlen. Von daher ist es ratsam, bei dieser Übung „einfache Themen“ zu wählen. Zwingen Sie sich weder in der Rolle als Berater*in noch als Klient*in dazu, Lösungen zu erörtern, wenn dafür die Grundlage (Bereitschaft, aktiver Zustand, Motivation auf beiden Seiten) nicht gegeben ist.

Übung 1.4

Wikipedia ist nicht immer die „beste Adresse“ für eine wissenschaftlich solide Recherche, aber im Fall „Familienzentrum“ findet man hier eine gute Einführung zu dem Thema. Dies trifft aber nicht auf das Stichwort „Familienbildungsstätte“ zu. Um eine Vorstellung von Familienbildungsstätten zu bekommen, empfehle ich Ihnen, eine mittlere Großstadt zu wählen und bei einer einschlägigen Suchmaschine den Namen der Stadt und das Stichwort „Familienbildungsstätte“ einzugeben. Alternativ oder zusätzlich bietet sich auch an, den Namen eines bestimmten Wohlfahrtsverbandes (z. B. Diakonie, DPWV oder Caritas) sowie den Namen eines Bundeslandes und das Stichwort „Familienbildungsstätte“ einzugeben. Lassen Sie sich nicht verwirren: Angebote der Familienbildung erfolgen sowohl in Familienzentren (angebunden an Kindertageseinrichtungen) als auch in Familienbildungsstätten (als eigenständige Häuser) und in vielen anderen Einrichtungen. Manche Familienbildungsstätten nennen sich auch Familienzentren (obwohl sie nicht unter dem Dach einer KiTa sind).

Kapitel 2

Übung 2.1

Wikipedia ist gut, aber der Blick ins SGB VIII/Kinder- und Jugendhilfegesetz § 42 ist weiterführend. Wenn Sie es genau wissen wollen, bietet sich eine Internetrecherche zu Möglichkeiten der Inobhutnahme in Ihrem Wohnort (Stadt/Landkreis) an. Als zukünftige Fachkraft in einer sozialpädagogischen Einrichtung sollten Sie wissen, welche Möglichkeiten und Angebote der Inobhutnahme durch das zuständige Jugendamt bestehen.

Übung 2.2

Versuchen Sie sich, wenn Sie die Interviews lesen, in die Rolle des*der Interviewer*in zu versetzen und stellen Sie sich dabei ein Gegenüber vor.

Übung 2.3

Versuchen Sie sich bei dieser Übung jeweils in die Lage der drei Personen zu versetzen. Die Lebensthemen (von Melina) bzw. Konfliktthemen (der Eltern) sollten Sie so formulieren, wie sie von den betroffenen Personen selbst so oder ähnlich ausgesprochen werden könnten. Wählen Sie keine Themen, die in der Vergangenheit liegen und gegenwärtig nicht mehr belastend sind. Falls Sie auf mehr als vier Themen kommen sollten, wählen Sie die zentralen aus. In der Praxis lassen sich meist höchstens vier Themen gleichzeitig bearbeiten – sonst wird es zu viel für die Klient*innen.

Übung 2.4

Wichtig ist bei dieser Übung die Form der Darstellung, die einen Überblick der Thematiken im gesamten Familiensystem ermöglichen soll. Eine Möglichkeit ist die tabellarische Form. Sie können die Tabelle vervollständigen, wenn Sie möchten, oder andere Gestaltungsmöglichkeiten entwickeln.

Familien-Teilsystem	Person	Thema
Eltern-Kind-System	Mutter	„Melina wünscht sich mehr Freiraum, aber ich will sie schützen und mache mir Sorgen, dass sie auf die schiefe Bahn kommt. Kann ich ihr vertrauen?“
Eltern-System	Vater	„Ich bin mit meiner beruflichen Tätigkeit nur bedingt zufrieden: Als selbstständiger Unternehmer muss ich auch am Wochenende arbeiten und dadurch weniger Zeit für meine Familie, als ich mir das wünsche“
Kinder-System	Melina	„Ich möchte Richterin werden, weil ich mich für eine gerechte Gesellschaft einsetzen will“

Kapitel 3

Übung 3.1

Ein einfacher Zugang zur Analyse von Differenzerfahrungen ist die Kontrastierung der Tätigkeiten und Körperhaltungen der Personen auf den Abbildungen. Wenn Sie sich auf die Darstellung von Frau Schulz im Gegenwartsbild sowie im Zukunftsbild (insbesondere die Küchen- und Wohnzimmerszene) konzentrieren, erschließt sich Ihnen ein deutlicher Kontrast: In der Gegenwartszene sieht man Frau Schulz im Bett in einer passiven und (man achte auf den Rücken) ihrem Sohn abgewandte Körperhaltung. Im Zukunftsbild sieht man dieselbe Figur (Frau Schulz) in der Küche in einer aktiven und im Wohnzimmer in einer ihrem Sohn zugewandten Körperhaltung. Daraus lässt sich (auch unter Zuhilfenahme der Kommentierung von Frau Schulz) eine für sie schmerzliche Differenzerfahrung im Hinblick auf Gegenwart und Wunschvorstellung ableiten.

Übung 3.2

Die Bedeutung des Objekts lässt sich sicherlich mithilfe genderspezifischer Sozialisationsansätze deuten, die Sie vielleicht kennengelernt haben. Aber damit erschließt sich nicht die biografische und lebensweltliche Bedeutung des Objekts bei Murat. Auch können psychoanalytische Erklärungsansätze, insbesondere das Theorem „Übergangsobjekt" von Donald Winnicott (Wikipedia liefert hier einen Zugang), herangezogen werden. Allerdings ließe sich gegen Winnicott und dem* der anonyme*n Wikipedia-Autor*in einwenden, dass er*sie die Übergangsobjekte ausschließlich in der Mutter-Kind-Beziehung und in dem Autonomiestreben des Kindes (von der Mutter weg) verortet. Bei Murat ist das aber anders: Das Objekt bezieht sich mal auf die Vater-Sohn-Beziehung, mal symbolisiert sie die Familienidentität und mal eine solide berufliche Zukunft etc. Für Sozialpädagogisches Fallverstehen bieten Theorien interessante Interpretationsansätze, mit ihnen lassen sich aber nicht die lebensweltlichen Bedeutungsstrukturen in der Tiefe erfassen. Deshalb empfehle ich Ihnen beim Fallverstehen, so wie hier bei der Deutung von Symbolen, die biografische Perspektive in den Vordergrund zu stellen und die verwendeten Symbole als eine Textur innerhalb der Selbstdeutungen des Jugendlichen zu lesen. Die Frage lautet: In welchem biografischen Kontext steht das Symbol?

C. Lösungen der Aufgaben zur Selbstüberprüfung

Kapitel 1

Aufgabe 1.1 – Gemeinsame Situationsdefinition/ Sozialpädagogisches Arbeitsbündnis

Gemeinsame Situationsdefinition

- Eine gemeinsame Situationsdefinition ist ein Ziel des fragend-erörternden sozialpädagogischen Gesprächs.
- Sie wird ko-konstruktivistisch von Fachkräften und Klient*innen hergestellt.
- Sie beinhaltet die Selbsteinschätzungen der Familienmitglieder und die Fremdeinschätzung der Fachkräfte.
- Die Beteiligten wissen, wie sie selbst und wie die anderen die Familiensituation sehen. Sie wissen, wer welche Einschätzung mit wem teilt und wo es Unterschiede gibt.

Sozialpädagogisches Arbeitsbündnis

Arbeitsbündnis heißt die Bereitwilligkeit von sozialpädagogischen Fachkräften und Klient*innen, konstruktiv zusammenzuarbeiten auf der Basis einer gemeinsamen Situationsdefinition.

Aufgabe 1.2 – Abgrenzung eines fragend-erörternden sozialpädagogischen Gesprächs von einem Kund*innengespräch

Ziel eines Kund*innenberatungsgesprächs ist es, einem*einer potenziellen Käufer*in die Qualitäten eines Produkts, das zum Verkauf ansteht, zu erläutern und die Passgenauigkeit mit seinen*ihren Bedürfnissen bzw. Erwartungen herzustellen. Es handelt sich um eine Interaktion zwischen einer Verkaufsperson und einem*einer potenziellen Käufer*in (Kund*in). Ziel des fragend-erörternden sozialpädagogischen Gesprächs ist nicht, einen Warentausch einzuleiten, sondern mittels eines ko-konstruktiven Prozesses, der sich zwischen ausgebildeten Fachkräften und Klient*innen abspielt, gemeinsam zu klären, „wer hat welche Probleme und mit wem", sowie Lösungswege zu entwickeln. Dabei soll herausgearbeitet werden, wie diese kurz- und/oder langfristig bewältigt werden können und wer was dazu beitragen kann. Die Interaktion zielt auf die Herstellung einer unentgeltlichen sozialen Dienstleistung ab.

Aufgabe 1.3 – Dokumentationsbogen
Datum: *27. 3. 2017* Uhrzeit (Beginn): *11:30 Uhr* Dauer (ca.): *45 Min*

Zuständige Fachkraft: *Juliane Walther*

Ort, an dem das Gespräch stattgefunden hat/Gesprächsform (Telefonat, Vis-à-Vis-Gespräch im Beratungsraum der Beratungsstelle des Jugendamtes, im Familienzentrum, in der KiTa, Wohnung der Familie etc.): *Beratungsraum im Familienzentrum Alice-Salomon-Allee*

Beteiligte Personen:
1. Sozialpädagogische Fachkräfte: *Juliane Walther*
2. Familienmitglieder (Eltern, Kind, Jugendliche*r, Großeltern etc.): *Frau Argican*
3. Sonstige Personen: *Lukas Hummel, Praktikant von der Euro-FH*

Anlass für das Gespräch: *Frau Argican hat um einen Beratungstermin in der Beratungsstelle gebeten, weil sie Schwierigkeiten mit ihrer Tochter hat*

„Wer hat welche Probleme und mit wem?" Problembeschreibungen aus Sicht der Elternteile, Kinder, Jugendlichen und sonstiger Personen (z. B. Lehrer*innen):

- *Person A: Frau Argican – In der Familie kommt es häufig zu Streit zwischen Frau Argican und ihrer Tochter Melina. Die Gründe sieht sie darin, dass Melina sich nicht an die Ausgehzeit (19:00 Uhr) halte und oft erst um 22:00 Uhr nach Hause komme. Den Stubenarrest, den sie zur Strafe erhalte, halte sie oft nicht ein. Die Folge seien weitere Streitereien zwischen Mutter und Tochter. Melina habe manchmal starke Wutausbrüche (einmal habe sie eine Vase gegen die Wand geworfen). Frau Argican macht sich Sorgen, dass Melina auf die schiefe Bahn gerate*

- *Person B: Melina – Sie möchte auch abends ihre Freunde treffen und fühlt sich vermutlich von der Mutter bevormundet. Sie akzeptiert die 19:00 Uhr-Regelung nicht*

Wurden Lösungen, weiterführende Perspektiven erarbeitet oder weiterführende Angebote unterbreitet? Ja/Nein
Wenn ja: welche? *Mit Frau Argican wurde im Rollenspiel eine Gesprächssituation eingeübt, in der sie mit ihrer Tochter die Konfliktsituation erörtert. Frau Argican nimmt sich vor, ein Gespräch mit ihrer Tochter zu führen*

Wurden mit den Klient*innen Vereinbarungen getroffen? Ja/Nein
Wenn ja: welche?

Bestehen Anhaltspunkte für eine Kindes-/Jugendwohlgefährdung? Ja/Nein
Wenn ja: welche?
Wenn ja: welche Maßnahmen wurden zum Schutz des*der Minderjährigen ergriffen?
Wenn nein: worauf begründet sich die Einschätzung, dass keine Anhaltspunkte für Kindes-/Jugendwohlgefährdung bestehen? *Aus dem Gespräch mit der Kindsmutter ließ sich dies nicht erschließen. Dennoch ist ein Gespräch mit der Schulsozialarbeiterin des Käthe-Kollwitz-Gymnasiums geplant*

Abschließende Fachliche Einschätzung durch die Fachkraft/Fachkräfte: *Typischer Konflikt in der Eltern-Kind-Beziehung um Autonomie und Grenzen in der Adoleszenzphase. Sowohl die Mutter als auch ihre Tochter haben Schwierigkeiten, die Perspektive des jeweils anderen zu verstehen aber auch ihre zwischenmenschlichen Gefühle und Erwartungen mitzuteilen*

Kapitel 2

Aufgabe 2.1 – Sozialpädagogische Familiendiagnose

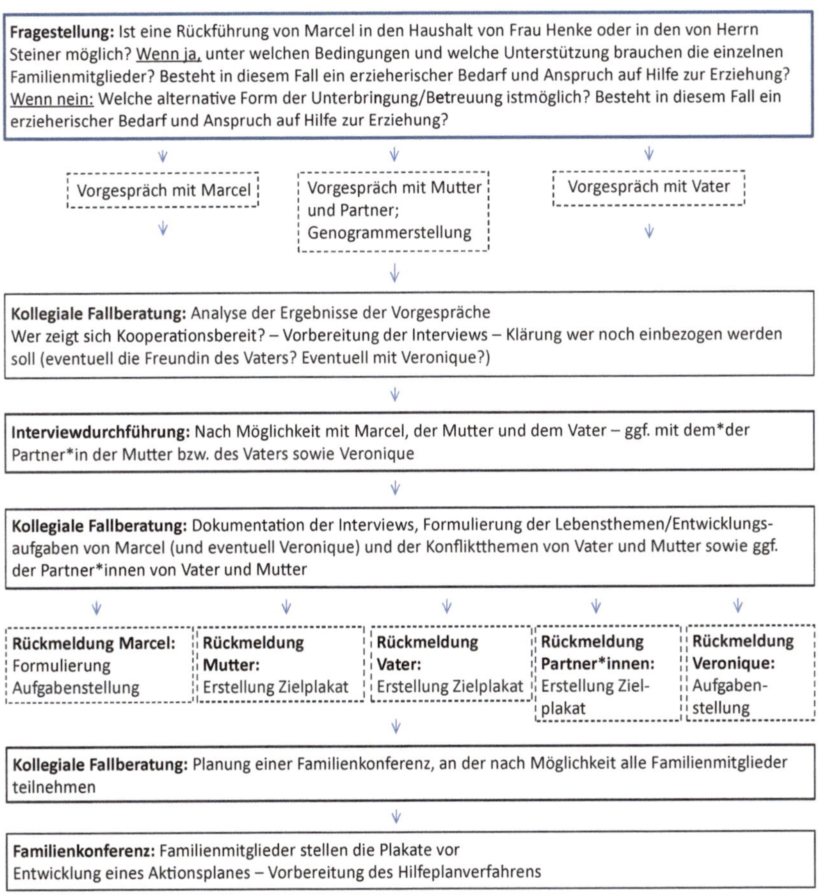

Abb. A: Lösung der Aufgabe 2.1

Kapitel 3

Aufgabe 3.1 – Differenzerfahrungen

David

- In seiner Zukunftsnetzwerkkarte sind seine beiden Schwestern wesentlich näher zu ihm positioniert als in der Gegenwartsnetzkarte. Er wünscht sich häufigeren Kontakt und eine geringere räumliche Distanz zu den beiden.
- In dem Zukunftsbild ist Sarah im Unterschied zum Gegenwartsbild wesentlich dichter an ihn gerückt. Die Figur, die Sarah symbolisieren soll, befindet sich im gleichen Abstand zu ihm wie seine Freunde, allerdings unterscheidet sie sich von ihnen durch die Ohrringe, die weiblich attribuiert werden. Im Zukunftsbild hingegen ist sie nicht mehr mit einem Herz umgeben. Das kann so verstanden werden, dass das Geschenk der Ohrringe an Sarah als Einladung zur Mitgliedschaft in seinen Freundeskreis verstanden werden soll. David wünscht sich Sarah als Freundin, allerdings hat sie in seinem Freundeskreis eine gleichrangige Position wie die anderen (deshalb fehlt das Herz). Seine Mutter bleibt trotz der Freundin Sarah in der ihm am nächsten stehenden Position und mit einem Herz (als Zeichen der Sonderposition) umgeben.
- Die Position des Vaters hat sich im Vergleich zum Gegenwartsbild leicht verändert. Das Fragezeichen ist einem blauen Kreis gewichen. David wünscht sich Kontakt zu seinem Vater, allerdings möchte er ihn auch auf Distanz halten. Zu seinem Familienkreis zählt er seine Mutter und seine beiden Schwestern Laura und Vanessa.
- Im Zukunftsbild ist Herr Jähn ihm etwas näher gerückt, die Konflikte sind beigelegt.
- Schließlich wird noch ein Kontrast sichtbar: Im Zukunftsbild ist sein Name ersetzt worden mit: „Ich, 11, elf". Dies deutet auf den Wunsch nach wachsender Ich-Stärke hin.

Murat

- Ein Kontrast wird sichtbar, wenn man die Szenen der mittleren Kindheit (Pistole, schwarze Tücher, Rutsche und Europawürfel) mit den in der Gegenwart angesiedelten Szenen (Einkaufswagen, Apartment und Freunde mit Kartenspiel) sowie mit den Darstellungen aus der frühen Kindheit (Essensszene, Bettszene, Taxi) vergleicht.

  Die Szenen in der frühen Kindheit (Essenszene im Kreis der Familie, Zuwendung der Mutter am Bett, Taxi) und in der Gegenwart (Freundeskreis beim Kartenspiel, Apartment, voller Einkaufswagen) drücken Geborgenheit, Häuslichkeit und Wohlstand aus.

  In den Darstellungen der mittleren Kindheit fehlen Symbole dieser Art, auch fehlen signifikante Personen – die Tücher verbergen etwas. Dies kann so gedeutet werden, dass die Lebensphase der Flucht und des Neubeginns in Deutschland mit Entbehrungen (materiell, sozial, emotional) verbunden war, aber auch mit schmerzlichen Erlebnissen, über die Murat nicht sprechen möchte. Allerdings steht die Rutsche, die man besteigen muss und die nach Europa führt, einerseits für eine Befreiung und andererseits für eine aktive Handlung (seitens Murat).
- Das Gegenwartsbild unterscheidet sich vom Zukunftsbild 1 dadurch, als dass im letzteren zwei Familien dargestellt werden: die gegenwärtige und die eigene, zukünftige Kernfamilie. Dies muss nicht so gedeutet werden, dass der Freundeskreis durch die Familie ersetzt werden soll. Vielmehr deuten die Zukunftsszenen (Grillen, Kleinfamilie, Symbole der Gerechtigkeit als Ausübung des Berufs des Anwalts sowie die Attribute, die für Reichtum stehen) auf einen deutlichen Wunsch nach einer zukünftigen Positionierung als älterer Bruder und Familienvater hin, der für das Wohlergehen und Stolz der (Groß-)Familie sorgt und gleichzeitig soziales Ansehen durch einen gesellschaftlich anerkannten Beruf und Reichtum erzielt. Dies fällt Murat nicht zu, sondern wird durch harte Arbeit erkämpft (Murat am Schreibtisch mit Pokal im Hintergrund).
- In deutlichem Kontrast stehen Zukunftsbild 1 und der mit Plan B bezeichnete Lebensweg. Letzterer ist wesentlich minimalistischer

gestaltet (Handschuhe, Schlüssel, Auto und Symbole für Deutschland und Syrien). Während der Zukunftsweg 1 auf Deutschland festgelegt ist, bleibt im Plan B Syrien als Lebensoption bestehen. Im Unterschied zum Zukunftsbild 1 ist dieser wesentlich offener und konzentriert sich auf ein Ziel: Kfz-Mechatroniker. Die Darstellung des Autos auf den Handschuhen knüpft an das Bild aus der frühen Kindheit an: das Taxi seines Vaters.

Sowohl in der Darstellung von David als auch in denen von Murat sind noch weitere Kontraste sichtbar. Ich habe mich hier auf die Wesentlichen beschränkt.

D. Prüfungsaufgaben

I Sozialpädagogische Familiendiagnose – Interview mit Frau König

Allgemeines

Frau König ist 18 Jahre alt und hat einen zweijährigen Sohn Leon, mit dem sie zusammenlebt. Zu ihrer Lebenssituation befragt, sagt sie:

> „... also ich hab n' zweijährigen Sohn, hab ich. Ähm, der is' ja hier, is' er anstrengend. Anstrengend kleiner Wirbelwind sehr aktiv ähm."

Mit dem Vater des Kindes ist Frau König nicht mehr im Sinne einer Partnerschaft zusammen. Dieser besucht seinen Sohn täglich und unterstützt Frau König bei der Fürsorge und im Haushalt. Seit drei Monaten lebt Frau König mit Leon, ihrem Sohn, in einer eigenen Wohnung. Zuvor lebte sie in einer Mutter-Vater-Kind-Einrichtung. Sie wird zurzeit noch von einer Sozialpädagogin im Rahmen einer Übergangsbetreuung unterstützt (4 Stunden pro Woche). Ziel der Betreuung ist die Verselbstständigung von Frau König und die Entwicklung einer Ausbildungsperspektive. Aktuell ist Frau König weder in einer Ausbildung noch berufstätig. Im Alter von 15 Jahren hat sie die 10. Klasse an einer Gesamtschule in NRW abgebrochen:

> „Ähm ja, ich war schon in der Zehnten und eigentlich lief's ganz gut, dann war ich schwanger und dann bin ich nicht mehr hingegangen, weil mir oft schlecht war, wegen der Schwangerschaft und dem ganzen Stress da, was wird aus mir und so. Ich ärgere mich jetzt noch darüber, dass ich abgegangen bin ohne Abschluss."

Am liebsten würde sie dort den Schulbesuch fortsetzen und den Mittleren Abschluss (mit Berechtigung zum Besuch der gymnasialen Oberstufe) erzielen. Zu einem Lehrer und einer Lehrerin hat sie noch Kontakt:

> „Ehrlich gesagt, ich vermisse die Schule."

Zur Familie zählt Frau König ihren Sohn und den Vater des Kindes:

> „Der [Vater von Leon] is öfters noch bei uns. Also der kommt fast jeden Tag vorbei. Und beschäftigt sich mit dem Kleinen. Oder wir machen irgendwas zusammen. Oder er hilft beim Einkaufen, wenn ich viel einkaufen muss. Und ähm, ja er übernachtet auch öfters bei uns ... Also der hilft mir soweit er kann und ich brauch halt noch viel Hilfe; allein mach ich nich' gerne irgendwas und ich beanspruch halt noch viel Hilfe."

Auf die Frage hin, ob der Vater ihres Sohnes sie entlaste, antwortet Frau König:

> „Ähm ja, eigentlich schon. Außer wenn ich, wenn uns grad danach is, dass wir uns die ganze Zeit zoffen, dann zoffen wir uns auch die ganze Zeit. Also er hilft schon, wo er kann."

Zu ihrem Vater hat Frau König keinen Kontakt mehr. Das Verhältnis zur Mutter beschreibt sie so:

> „Hm es gab am Anfang ma Schwierichkeiten. Dann hatten wir zwei n' paar, zwei Jahre lang kein Kontakt mehr gehabt. Und seitdem ich schwanger war mit Leon, ähm, hatten wir wieder Kontakt mitnander. Und ähm ja es geht. Also es is, okay wir ham schon n' relativ guten Kontakt. Außer wenn sie grad ma 'ne Streit 'ne Streitphase hat dann nich' so wirklich (lacht). Aber ansonsten is ja eigentlich ganz gut, also wir erzähl'n uns vieles wenn wir mit'nander telefonieren oder schreiben oder so. Fast wie so 'ne Freundin."

Allerdings betreut sie ihren Enkel jedoch selten, da sie arbeite und selbst kleine Kinder habe. Sie mische sich in die Erziehung eher wenig ein:

„Sie gibt zwar ihr Senf und ihr Kommentar überall dazu. Und äh, aber einmischen tut sie sich nich' wirklich. Also da sagt sie immer das is' mein, da muss ich selbst zurechtkommen."

Frau König hat zwei Halbschwestern und vier Brüder. Ihre Brüder sieht Frau König nur dann, wenn sie bei ihrer Mutter ist.

„Und ähm ja also wirklich was mit meinen Brüdern hab ich jetz' nich' zu tun so. Jeder geht seinen eigenen Weg. Sind ja schon alle reif pubertiert."

Zu weiteren Verwandten hat Frau König keinen Kontakt. Ihre Wohnung ist noch nicht fertig renoviert und möbliert:

„Hm die is ja noch nich' ma fertich (lacht). Also ich wohn' jetz' seit Mai dort drinne. Und am Anfang gabs ja Schwierichkeiten wegen die ganzen Gelder und so. Dann ham wir 'ne Zeitlang die Wohnung renoviert. Also jedenfalls zum größten Teil ham wir die schon renoviert. Manche Sachen müssen noch gemacht werden. Alle Möbel hab ich auch noch nich', weil ich immer halt jemand bin der neue Sachen braucht. Also ich kauf gerne alles lieber neu anstatt gebraucht oder so. Deshalb dauert das 'n bisschen länger. Und äh ich bestell halt (lacht) sehr gerne (lacht). Also wenn's um Möbel geht oder Sachen oder so bestell ich halt gerne im Internet so. Anstatt draußen zu kaufen. Und das is meistens immer teurer (lacht). Ja und das Kinderzimmer is fertich. Die Küche naja, da muss noch tapeziert werden, also nochmal. Da sind äh, da sind komische Tapeten dranne. Und die müssen auf jeden Fall runter (lacht), ja es is halt noch 'ne Menge zu machen. Das Einzige, was fertich is', is' Kinderzimmer."

Frau König steht zwischen 5:00 Uhr und 6:00 Uhr morgens auf und macht sich zunächst fertig. Um 7:00 Uhr weckt sie Leon, frühstückt mit ihm und zieht ihn an. Um 8:00 Uhr gehen sie aus dem Haus, damit der Sohn um 8:30 Uhr in der KiTa ist. Anschließend fährt Frau König nach Hause oder in die Mutter-Vater-Kind-Einrichtung, von der sie noch betreut wird. Meist ist sie gegen 11:30 Uhr zu Hause, wo sie den Haushalt erledigt und sich dann schlafen legt. Um 14:30 Uhr holt sie ihren Sohn aus der KiTa ab:

> „Und dann gucken wir halt, wir müssen noch einkaufen oder wir geh'n noch 'n bisschen raus oder spiel'n zusammen noch. Und ja warten auf den Vater."

Zwischen 18:00 Uhr und 18:30 Uhr gibt es ein gemeinsames Abendessen.

> „... und um 19:00, 19:30 Uhr geht's dann noch'ma ins Bett. Davor spiel'n wir noch'ma alle schnell 'ne Runde. Also das heißt eigentlich, wir rennen einmal durch die ganze Wohnung, bis der Kleine irgendwann hoffentlich k. o. is. Dann ähm ja dann leg ich ihn ins Bett und da entweder kuschel ich mit ihm dann noch manchmal oder ich mach einfach nur 'ne Geschichte an. Also per CD-Player. Und ähm ja nach zwei drei Stunden schläft er von allein ein."

Der Vater des Kindes ist stark in den Alltag miteingebunden:

> „Ähm wenn's zum Beispiel 'ma um den Kleinen geht und ich grade Essen machen möchte und so und der Kleine ja immer in der Küche dann rumschwirrt, sag ich immer zu ihm, geh ins Zimmer mit ihm oder spiel irgendwas mit ihm oder so. Oder er hilft beim Einkaufen oder wenn ich irgendwas brauche, dann geht er schnell los und holt irgendwas. Und ja also er is schon 'ne große Hilfe."

Sie hat mit dem Vater des Kindes kurzzeitig zusammengelebt:

> „Am Anfang hab ich bei ihm noch gewohnt, weil ich meine Wohnung fertich machen musste, weil die renoviert werden musste. Und ähm ja seitdem ich jetz' in meiner Wohnung drinnen wohnen kann, seitdem schläft er fast regelmäßich eigentlich bei uns ... Na, er is ja ganz oft bei uns eigentlich, kann man's ja schon sehen, dass er da drinne wohnt. Also mittlerweile

woll'n wir's runter schrauben, dass es nich' mehr so is. Und ähm ja, aber wir müssen's langsam angehn' durch den Kleinen, dass der nich' mehr so oft da is der Papa."

An anderer Stelle sagt Frau König, dass ihr Sohn,

„... wenn der Papa immer kommt, dann kein Hallo, immer vorbeirennen. Und ähm ja ab und zu ma mit dem spielen aber nich' wirklich so ... Das war schon von Anfang an so. Auch als ähm die Phase war, wo der Kleine den Papa nich' so mochte, also wo er so Schwierichkeiten hatte mit ihm, da war's auch so. Sobald andere Freunde von mir gekommen sind oder so, der ... is mit denen gleich offen zugegangen ... hat mit den gespielt und die auch mit ihm und war total lustich drauf so."

Frau König berichtet, dass ihr Sohn früher oft nicht zum Vater wollte und weinte, wenn er bei ihm war. Mittlerweile habe sich das aus ihrer Sicht geändert und sie kann ihren Sohn auch allein beim Vater lassen. Danach gefragt, was ihr gegenwärtig schwer fällt, antwortet Frau König:

„Wenn's um den Kleinen geht. Also ich bin nich' wirklich so der Mensch, der sich von allein hinsetzt und mit dem Kleinen ma so spielen tut öfters mal, also ab und zu gibts ma 'ne Phase, wo wir miteinander spieln. Aber manchma hab ich auch keine Lust. Und ähm da brauch ich dann manchma Hilfe, oder wenn's beim Einkaufen is, wenn der Kleine, der hört ja schon gar nich, also ich benutz ja kein Kinderwagen für ihn, sondern er läuft ja überall rum und dann rennt er immer do überall rum oder versucht dann immer, irgendwas mitzunehmen oder. Ja also hauptsächlich wenn's um den Kleinen geht."

Frau König nimmt sich Zeit für sich selbst:

„... entweder frag ich dann meine Mutter, ob sie den Kleinen übers Wochenende ma nimmt. Oder äh der Papa von dem Kleinen, wenn ich ma weggehen möchte übers Wochenende oder so. Dieser Monat war das zum

Beispiel ganz oft gewesen. Weil halt lauter Geburtstage anstanden. Also ja aber ansonsten, in der Woche oder so, is dann, wenn der Kleine in der KiTa is, hab ich Freizeit für mich."

Ihr Sohn sei im Vergleich zu anderen Kindern ein kleiner „Wirbelwind":

„Manche Kinder sind ruhich ... und nich' so hüaktiv und da frag ich mich dann auch immer, o. k. wie kriegen die das da hin, dass ihr Kinder still sitzen kann; oder ja, nich' hauen und nich' beißen und ja. Ja Leon hat da schon sein eigenen Dickkopf. Kommt halt nach mir (lacht) im Moment ... Manche [gemeint sind Eltern] schrein immer so rum mit ihren Kindern. Also ich schrei zwar auch manchma mit Leon rum, oder so wenn er jetz' wirklich nich' hört oder so. Aber manche die ziehn und rütteln an ihren Kindern und schreien die immer gleich an so. Sowas kann ich nich. Also mit Grenzen setzen und anschreien und sowas, is nich' so mein Ding. Ich bin eher so, ja ich bin anscheinend, dass ich bin 'n Liebling von meinem Sohn (lacht), weil ich nich' so viele Grenzen setze. Ich versuche es, aber es klappt nich' immer."

Mit dem Vater von Leon komme es im Hinblick auf die Erziehung zu Konflikten:

„Ähm er is derjenige, der versucht dann bei Leon den Ton anzugeben. Und bei vielen immer gleich anfängt zu meckern und ihm immer sagt, nein das darf er nich' und so, und dann misch ich mich aber wieder ein, weil ich find nich' alles so schlimm, er kann einiges ja machen. Und ähm so viel rummeckern, muss ich, muss man jetz' nich' mit ihm. Nee also wenn's um die Erziehung von dem Kleinen geht, komm wir da schnell in 'nen Konflikt rein ... Wir schrein, also wir ähm wir diskutiern, wir schrein uns manchma. Dann eskalierts vielleicht ma im Streit oder so. Und ja und irgendwann schalten wir dann beide ab jeder macht seins. Und dann is gut."

Vergangenheit, Herkunftserfahrungen

Frau Königs Eltern haben sich getrennt, als sie zwischen fünf und sechs Jahre alt war. Sie hatten sich scheiden lassen, da der Vater eine andere Frau kennen gelernt hatte. Sie sei hauptsächlich bei ihrer Mutter aufgewachsen. Im Alter von 12 Jahren kam es häufiger zu Konflikten zwischen ihr und ihrer Mutter, daraufhin sei sie zu ihrem Vater gezogen. Bei ihm habe sie ein Jahr gelebt. Kurzzeitig sei sie danach wieder zu ihrer Mutter gezogen, bis sie im Alter von 14 Jahren in eine Wohngruppe für Jugendliche kam. Danach habe Frau König wieder bei ihrem Vater gewohnt, was ein weiteres Mal nicht funktioniert habe.

Persönlich wichtig für Frau König sei der Cousin ihrer Mutter, dessen Frau und die Tochter gewesen. Bei ihnen sei Frau König gerne gewesen. Dies begründet sie damit, dass dort eine familiäre Atmosphäre geherrscht habe. Der Kontakt sei aber abgebrochen.

Sie war zwar ein „Papakind", aber auch er habe sich nur wenig um sie gekümmert und hauptsächlich vor dem Fernseher gehangen. Sie macht allerdings deutlich, dass die materielle Versorgung beim Vater immer besser gewesen sei. Frau Königs Mutter habe auf die Sauberkeit ihrer Kinder wie auch auf Ehrlichkeit besonderen Wert gelegt. Der Vater habe sich in der Erziehung anders verhalten als die Mutter, da die Kinder bei ihm machen konnten, was sie wollten: „Hauptsache er hatte seine Ruhe." Daher sei es kaum zu Konflikten gekommen. Die Mutter hingegen habe die Konfrontation gesucht. Bei Streitigkeiten haben die Mutter und Frau König sich angeschrien, auch sei sie von ihrer Mutter geschlagen und in ihrem Zimmer eingesperrt worden.

Die Beziehung zu ihrer Mutter sei in der Vergangenheit konfliktreich gewesen, da die Mutter ihre Söhne lieber gehabt hätte als Frau König. Sie kann sich an folgende Situation erinnern:

> „Ähm ja wo ich zu mei'm Vater ziehen wollte damals und äh meine Mutter das mitbekommen hat, weil sie mein Tagebuch gelesen hat. Und da kam sie einma nachts an mein Bett und hat geweint und gesagt, sie hat mich lieb, aber mehr auch nich. Das war die einzige Situation, die mir wirklich von damals so gefallen hat ja. Oder wenn meine Füße weh getan ham oder

> so und ich nich' schlafen konnte, da kam sie auch immer an mein Bett und hat meine Füße massiert. Aber es war auch bestimmt nur zwei drei Mal."

Frau König habe sich gefreut, als sie zu ihrem Vater gezogen sei:

> „Weil ich hab immer jemanden gesucht, halt der mir diese Wärme, Liebe so gibt und ja die hab ich von gar nirgend jemand bekommen also von niemand von den beiden bekommen. Ja deshalb qua dieses hin und her."

Die meiste Zeit seien sich Frau König und ihr Vater aus dem Weg gegangen:

> „Wir sind uns ja die meiste Zeit ausm Weg gegangen. Da gabs ja nich' wirklich was. Nö wir ham uns nur ein einziges Mal, ham wir uns zusamm hingesetzt. Wo ich einma auf Klassenfahrt war, da hat ich äh so gesagt so n Suizidversuch auf Klassenfahrt da. Und ähm da wars einzige Mal wo mein Papa sich mit mir hingesetzt hat und wir geredet ham. Aber auch wirklich nur das Notwendigste. Und das wars dann."

Der Kontakt zu ihrem Vater ist vor der Geburt von Leon abgebrochen:

> „Ich träume oft von meinem Papa, irgendwie bin ich traurig, dass er mich nicht anruft, ähm, dass er sich nicht für mich interessiert und für Leon. Ich habe mit schon mal überlegt, ob ich ihm einen Brief schreibe."

Zukunftsvorstellungen, Zukunftswünsche

Für die Zukunft wünscht sich Frau König:

> „Ähm ... auf jeden Fall so, dass mein Sohn auf jeden Fall gesund bleibt, als erstes. Dann ähm, dass ich den Realschulabschluss schaffe und 'ne Ausbildung anfang ... Dann noch später dann noch zwei Kinder dazu kommen. Dann ein Hund (lacht) auf jeden Fall nochma dazu kommt. Und ja, dass wir eigentlich alle so zusammenhalten auf jeden Fall ... Mein Sohn jetze, der wird auf jeden Fall bestimmt später noch Schwierichkeiten machen. Das

hoffentlich nich' so schlimm wird. Ähm na und dem Papa von dem Kleinen halt und später vielleicht ma n Freund und ja. Das wir so halt so wie so 'ne Patchwork-Familie alle zusamm sind."

Die Arbeitsteilung im Haushalt sehe dann so aus:

„Na auf jeden Fall gibt's 'n Putzplan. Und den brauch ich diesmal dann wirklich. Nein also so Haushaltsmäßig wird dann aufgeteilt. Jeder is ja was andres. Ich bring auf jeden Fall kein Müll runter (lacht). Ähm, ja und dann wird mit dem Kleinen halt zusammen immer gespielt und einer bereitet dann immer den Kleinen wenn er baden muss. Ja der andere macht in der Zeit schon Abendbrot fertich. Und abends legen wir ihn alle zusamm ins Bett. Dann gute Nacht und dann Tschüss. Tür zu. Nein Tür bleibt auf."

Auf die Frage, was sie in der Erziehung ändern möchte, sagt Frau König:

„Vielleicht dass ich irgendwann von allein mal auf die Idee komme mich mit meinem Sohn öfters zu beschäftigen auf jeden Fall. Ich hab's nich' so mit Beschäftigung mit ihm so. Ja is eigentlich das Einzige, was ich vielleicht mal mir ganz doll wünsche was ich vielleicht ändern möchte noch."

Im Hinblick auf die Rolle des Vaters von Leon wünscht sie sich:

„... nich' mehr bei mir so oft auftauchen, also dass er sich vielleicht etwas zurückzieht, weil irgendwann will ich ja versuchen, dann auch ma mein Leben allein auf die Reihe zu kriegen, also ohne ihn, dass er nich' jeden Tag da is. Und ja, dass wir uns daran halten, dass er ein, zwei Mal die Woche mal kommen darf, ansonsten alle 14 Tage das Wochenende den Kleinen hat. Also da möcht ich schon hinne. Da muss ich hinkommen noch irgendwann. Dauert zwar noch 'ne Weile aber ich hoff, es klappt bald. Irgendwann. Bald irgendwann."

Zu ihrer Beziehung zu Leon in der Zukunft antwortet Frau König:

„Sehr schwierich. Ähm nein ich hoffe, es wird nich' so schwierich. Aber ich denk ma is auf jeden Fall 'n Frechdachs. Also ich glaub, der wird das letzte Wort im Mund ham (lacht). Ich glaub wir werden da später schon ganz schon oft an die Fronten kommen. Ich hoff es nich, aber ich denke."

Im Hinblick auf die Vater-Sohn-Beziehung wünscht sie sich für die Zukunft:

„Dass er [der Vater von Leon] vielleicht, dass die beiden sich vielleicht mal beschäftigen miteinander. Also is 'n bisschen schwer, dass, wenn er den Kleinen mal hat oder so, er weiß immer nie, was er mit den Kleinen anstellen soll, also, was er mit ihm halt allein machen soll."

Die Beziehung zu ihrer eigenen Mutter stellt sie sich so vor:

„Ich hoffe, meine Mutter gibt irgendwann nich' mehr ihren Senf immer dazu (lacht), aber das wird nie passiern, also eigentlich bin ich soweit zufrieden, damit wies grade is."

Sie hofft, dass ihr Vater wieder Kontakt zu ihr aufnimmt:

„Ich hoffe, dass er sich mal bei uns meldet. Vielleicht kriegen wir es hin, dass er zu Leon 'nen guten Draht kriecht."

Für die nahe Zukunft wünscht sie sich:

„Ähm also ich glaub, wir würden erstmal in eine größere Wohnung ziehn, auf jeden Fall wo's Kinderzimmer viel viel größer is. Äh und der Kleine sehr viel Spielsachen haben wird (lacht). Also auf jeden Fall, auf jeden Fall möcht ich so 'ne Kletterwand haben für ihn dann. Also es geht hauptsächlich nur um den Kleinen, würd ich dann machen. Ich wär dann zwar auch irgendwann dran, aber erst wär der Kleine dran. Ja. Wär meine Wohnung auf jeden Fall fertich. Schon längst. Ja viel würde sich also, hauptsächlich geht's um den Kleinen dann. So geht's ja immer."

Am liebsten würde sie wieder auf ihre ehemalige Gesamtschule in die 10. Klasse gehen und ihren Realschulabschluss machen, „aber ich hab 'nen bisschen Schiss, weil ich dann in meiner Klasse die Älteste bin und die anderen in meiner Klasse mich nicht mögen." Zudem hat sie Angst, dass sie „in manchen Fächern nicht mitkommt … und ich brauche da viel Unterstützung in Deutsch und Englisch, das sind nicht gerade meine Lieblingsfächer." Nach ihrem Berufswunsch gefragt sagt sie: „So genau weiß ich das auch noch nicht, irgendwas im Sozialen, aber ich hab ja noch n bisschen Zeit, mir da was zu überlegen."

Aufgabe 1

Nennen Sie die Hauptbelastungen von Frau König, die aktuell aus ihrer eigenen Sicht für sie relevant sind (maximal vier Aspekte!). Dazu zählen ausschließlich die, die von ihr direkt oder indirekt im Interview thematisiert werden. Beschreiben Sie die jeweiligen Belastungen und versuchen Sie, diese mit direkten oder indirekten Zitaten aus der Fallbeschreibung zu belegen. **10 Pkt.**

Aufgabe 2

Stellen Sie, anhand der Falldarstellung, die zentralen Bestandteile des subjektiven Hilfeplans von Frau König zusammen (maximal vier Aspekte!). Dieser umfasst die Mitteilungen, in denen die Interviewte direkt oder indirekt selbst Perspektiven oder Möglichkeiten beschreibt, die zu einer Verbesserung ihrer Lebenssituation beitragen könnten. **10 Pkt.**

Aufgabe 3

Nennen Sie zehn Ressourcen von Frau König, die sich aus dem Interview erschließen lassen. Geben Sie zu jeder Ressource an, ob es sich um eine Ressource handelt, die Frau König (1) aktuell nutzt, ob es sich um eine Ressource handelt, die Frau König (2) zur Zeit überhaupt nicht nutzt, die aber mobilisiert werden könnte oder ob es sich um eine Ressource handelt, die von Frau König (3) teilweise genutzt wird, aber weiter ausgebaut werden könnte. Geben Sie zu jeder Ressource ebenfalls an, ob es sich dabei um eine „familiale Ressource", um eine „soziale

Ressource“, um eine „personale Ressource“, um eine „materielle Ressource“, um eine „sozialräumliche Ressource“ oder um die Ressource „sozialpädagogische, professionelle Helfer*innen“ handelt. **10 Pkt.**

Aufgabe 4
Formulieren Sie die zentralen und aktuellen subjektiven Konfliktthemen von Frau König in Ich-Sätzen (maximal vier Aspekte!). **10 Pkt.**

Aufgabe 5
Greifen Sie die von Ihnen erarbeiteten Konfliktthemen auf und formulieren Sie in wenigen Sätzen Ihre fachliche Einschätzung zu folgender Fragestellung: Wie könnte eine sozialpädagogische Unterstützung (im Rahmen der Übergangsbetreuung durch die Sozialpädagogin) aussehen, um Frau König dabei zu helfen, das jeweilige Konfliktthema zu bearbeiten? Was könnte man ihr aus sozialpädagogischer Sicht, bezogen auf das jeweilige Konfliktthema, anbieten? **10 Pkt.**

II Familienszenario – Interview mit Frau Dahl

Zur Familie Dahl gehören Frau Dahl (40 Jahre), Herr Dahl (48 Jahre), Kai (7 Jahre), Karolin (2,5 Jahre) und Johanna (6 Monate). Herr Dahl ist freiberuflicher Fotograf, seine Frau arbeitet als Redakteurin bei einer Zeitschrift. Sie hat vor der Geburt ihrer Kinder Vollzeit gearbeitet und ist nach der Geburt ihrer ersten beiden Kinder einer dreiviertel Stelle nachgegangen. Momentan befindet sie sich in Elternzeit, um Johanna zu betreuen, während Kai in die Schule und Karolin in den Kindergarten gehen. Frau Dahl plant, ihren Beruf wieder aufzunehmen, in welchem Umfang ist jedoch noch unklar. Die Eltern von Herrn Dahl sind wenig im Familienalltag präsent und auch die Mutter von Frau Dahl kann die Familie nur gelegentlich unterstützen, da sie relativ weit entfernt wohnt. Frau Dahl geht regelmäßig in eine Eltern-Kind-Gruppe einer nahegelegenen Familienbildungsstätte. Ihr Mann nimmt nicht teil, obwohl in der Gruppe auch (einige wenige) Väter vertreten sind.

Während des Interviews stellt Frau Dahl vier Szenen auf und kommentiert diese sehr ausführlich. Als typische Gegenwartsszene wählt sie den nächtlichen Alltag (Abb. B) und kommentiert dies folgendermaßen:

> „So verbringen wir unsere Nächte zurzeit, ne. Also das bin ich mit Johanna im Bett, manchmal habe ich auch Karolin noch, wenn sie sehr weinerlich ist, dann will die immer noch bei mir schlafen. Dann schläft Martin [Herr D.] bei Kai oder er schläft eben bei Karolin, so ist das irgendwie jede Nacht … Also weil irgendwie, also Martin fühlt sich immer gestört durch das Babygeschrei, obwohl sie nachts gar nicht schreit, aber gleichzeitig will ich nicht auch noch Karolin im Bett haben. Karolin ist aber, fühlt sich im Moment ein bisschen zurückgesetzt, dadurch dass ich immer ständig mit Johanna zusammen in einem Bett schlafe, deswegen brauchen, müssen wir ihr jetzt so das Gefühl geben ‚Mama und Papa sind für dich da, deswegen schläft Papa heute bei dir.' Also das ist immer so 'n, hah, man muss immer so gucken wie wir alle Bedürfnisse unter einen Hut kriegen, so 'ne … Ja, zufriedenstellend ist das natürlich nicht. Es ist keine Partnerschaft gerade mehr, wie man sieht."

Abb. B: Gegenwartsszene von Fr. Dahl – Nächtlicher Alltag bei Fr. Dahl (von links: Kai, Hr. Dahl, Karolin, Johanna, Fr. Dahl) © Playmobil

Frau Dahl ist in dörflichen Strukturen in einem ‚bildungsfernen' Milieu in einer fünfköpfigen Familie mit eigenem Haus, Garten und Kleinviehhaltung aufgewachsen. Befragt nach einer typischen familialen Alltagsszene aus ihrer Kindheit stellt sie eine Szene in der Küche des elterlichen Hauses auf (Abb. C) und beschreibt diese wie folgt:

> „Meine Mutter stand eigentlich immer am Herd, war eigentlich, schuftet eigentlich immer. Wir setzen uns immer an den gedeckten Tisch, auch schlimm, also im Nachhinein muss ich ja sagen ... Joa, wir sitzen da ja erst mal. Da ist die Küche, Mama schrubbt da und mein Vater war eigentlich immer außen vor. Also der wirkte auch als Störenfried die ganze Kindheit lang. Also es war wirklich so, der interessierte sich mehr für seine Hühner als für uns irgendwie ... Mein Vater war kaufmännischer Angestellter, war eigentlich nur abends und am Wochenende präsent, war dann auch eigentlich oft von uns genervt ... Ich kann mich nur erinnern, dass meine Mutter quasi alles gemacht hat und mein Vater, ich wüsste gar nicht, was er überhaupt gemacht hat, also außer, dass er das Geld nach Hause getra-

Abb. C: Herkunftsszene von Fr. Dahl – Abendessen (links vorne: Fr. Dahl mit Geschwistern, links hinten: Mutter, rechts: Vater) © Playmobil

> gen hat, aber sonst war der nicht besonders präsent und wir Kinder also hatten auch keinen großen Bezug zu ihm oder er keinen Bezug zu uns. Sagen wir mal so, also eigentlich meine Mutter war die, die die Hosen anhatte und die hat das alles geschmissen zu Hause. Die war aber nicht berufstätig ... Er hat sich völlig rausgezogen aus der Verantwortung und sie war immer für uns zuständig und musste alles allein entscheiden und trug die komplette Verantwortung und daher, und sie war auch einfach schrotten genervt ... Also die sind auch später geschieden worden, also da war ich aber schon erwachsen ... Ich glaub die hatte den Kaffee auf (lacht), die wollte keinen Mann mehr (lacht)."

Gegen Ende des Interviews entwickelt Frau Dahl zwei Zukunftsszenen, die sie mit dem Figurenset aufstellt. Die erste von ihr aufgestellte Zukunftsszene (Abb. D) beschreibt sie so:

> „... dass mein Mann mal kocht, dass ich von der Arbeit komme und ich mich auch mal an den gedeckten Tisch setzen kann, wo wir vielleicht mal alle zusammen sitzen und essen. Kommt im Moment auch sehr selten vor. Ja das wäre zum Beispiel so 'ne Szene, die könnte ich mir sehr gut vorstellen. Aber, ja letztendlich müsste mein Mann, wenn ich wieder arbeiten gehe, bisschen mehr von meinen Aufgaben übernehmen. Sonst geht's nicht. ... Eigentlich war das die letzten Jahre auch so, auch als ich gearbeitet habe, dass eigentlich ich immer alles gemacht habe. Mein Mann der hat ab und zu auch mal 'ne Kleinigkeit eingekauft, aber immer auch nur das, was ich ihm auch aufgeschrieben habe. Also er kommt nicht selbst auf die Idee irgendwas einzukaufen, ähm, das ist ein bisschen schwierig bei uns. Also Wäsche sieht er auch nicht, also mein Mann ist einfach so, der ist nicht so ganz alltagstauglich, also so würde ich ihn beschreiben. Er hat sich immer sehr viel auf mich verlassen, ich bin aber auch so eine, wenn das nicht so läuft wie ich mir das vorstelle, dann nehm ich das lieber selbst in die Hand ... Aber ich hab auch das Gefühl, wenn ich das natürlich immer mache, dann hat er auch nie die Chance dazwischen zu kommen. Das ist immer so, weiß ich auch, da bin ich auch mit dran beteiligt."

Abb. D: Zukunftsszene 1 von Fr. Dahl – Hr. Dahl kocht Essen (von links: Fr. Dahl, Kinder [nicht spezifiziert], Hr. Dahl) © Playmobil

Die zweite Szene (Abb. E) kommentiert sie folgendermaßen:

> „Ja, das zum Beispiel könnte ich mir auch wieder gut vorstellen, also 'ne Babysitterin auf jeden Fall, dass wir wieder ausgehen ... Also das ist auf jeden Fall auch 'ne, 'ne Zukunftsgeschichte ... dass wir [die Eltern] ein bisschen mehr Zeit wieder füreinander haben, also wie die auch immer aussieht. Oder auch Zeit als Familie fänd ich wichtig. Also zum Beispiel habe ich ja den Urlaub sozusagen mit den Kindern allein gemacht und so was wünsch ich mir auch einfach mehr, dass wir mehr zu fünft dann auch machen. Genau, gemeinsam machen und nicht immer nur wegdelegieren. Also weil ich finde wir delegieren im Alltag schon sehr viel weg, also die Kinder sind ja viel fremdbetreut und ich fänd's einfach schön, wenn man dann die zwingende Zeit, die wir alle zusammen da sind auch dann zusammen mal nutzen. Ist natürlich mit dem Altersunterschied der Kinder auch mal nicht ganz so einfach, weil Kai hat jetzt kein Bock mehr mit Karolin auf 'n Spielplatz zu gehen, ne, zum Beispiel."

Abb. E: Zukunftsszene 2 von Fr. Dahl – Ausgehen als Paar (von links: Babysitterin, Kinder, Fr. Dahl, Hr. Dahl) © Playmobil

Aufgabe 6

Kontrastieren Sie zunächst die Herkunftsszene (Abb. C) mit den zwei Zukunftsbildern (Abb. D und E). Welche markanten Unterschiede oder Kontraste lassen sich zwischen Zukunftsbildern und Vergangenheitsbild beschreiben? Beziehen Sie sich bei der Darstellung der Unterschiede auf die bildlichen Details (maximal fünf Nennungen). **10 Pkt.**

Aufgabe 7

Kontrastieren Sie das Gegenwartsbild (Abb. B) von Frau Dahl mit den beiden Zukunftsbildern (Abb. D und E). Nennen Sie die markanten Unterschiede oder Kontraste zwischen Gegenwartsbild und Zukunftsbildern. Bleiben Sie bei der Darstellung auf der bildlichen Ebene (maximal fünf Nennungen). **10 Pkt.**

Aufgabe 8

Beschreiben Sie unter der Berücksichtigung der von Ihnen ermittelten Unterschiede/Kontraste (Aufgabe 5 und 6) und unter Hinzuziehung der Interviewzitate die zentralen Differenzerfahrungen von Frau Dahl (maximal zwei Nennungen). **10 Pkt.**

Aufgabe 9

Beschreiben Sie bezogen auf Herkunftsbild (Abb. C), Gegenwartsszene (Abb. B) und Wunschbildern (Abb. D und E) den familialen Transformationspfad (im Sinne von strukturellen Veränderungsbestrebungen), den Frau Dahl biografisch einschlägt. Was erschwert die Veränderungen/Transformation? Vor welcher Herausforderung steht Frau Dahl bezüglich der Realisierung der Umsetzung des Transformationspfades? **10 Pkt.**

Aufgabe 10

Angenommen, Sie arbeiten als Sozialpädagog*in in der Familienbildungsstätte und moderieren die Elterngruppe, an der auch Frau Dahl teilnimmt. Was könnte sie dabei unterstützen, ihre Herausforderung bzw. ihre Differenzerfahrungen zu bewältigen?

Ausgehend vom „Fall Dahl", der sicherlich nicht allein für sich steht: Welche sozialpädagogischen Angebote im Rahmen der Familienbildung könnten dazu beitragen, Problemstellungen, wie sie bei Familie Dahl zum Ausdruck kommen, zu thematisieren und zu bearbeiten? **10 Pkt.**

Gesamt 100 Pkt.

Viel Erfolg!!!

E. Lösungen der Prüfungsaufgaben

I Sozialpädagogische Familiendiagnose – Interview mit Frau König

Aufgabe 1 (maximal 10 Punkte)

A) Eine Hauptbelastung ist für sie die Beziehung zu Leon
(für die Nennung gibt es 1,5 Punkte)
Bei weiteren Konkretisierungen der Mutter-Kind-Belastungen kann jeweils ein halber Punkt erzielt werden (maximal zwei Belegstellen: insgesamt 1 Punkt). Folgende Belegstellen können benannt werden:

- Leon ist aus ihrer Sicht „sehr aktiv" und „anstrengend" für sie. Er kann nicht still sitzen: *„... also ich hab n dreijährigen Sohn ... Ähm der is ja hier, is er anstrengend. Anstrengend kleiner Wirbelwind sehr aktiv ähm." „Manche Kinder sind ruhich ... und nich' so hüaktiv und da frag ich mich dann auch immer, o. k. wie kriegen die das da hin, dass ihr Kind still sitzen kann; oder ja, nich' hauen und nich' beißen und ja."* (0,5 Punkte)
- Es fällt ihr schwer, mit Leon zu spielen: *„Also ich bin nich' wirklich so der Mensch, der sich von allein hinsetzt und mit dem Kleinen ma so spielen tut öfters mal, also ab und zu gibts ma 'ne Phase, wo wir miteinander spieln. Aber manchma hab ich auch keine Lust. Und ähm da brauch ich dann manchma Hilfe"* (0,5 Punkte)
- Sie hat Schwierigkeiten, ihm Grenzen zu setzen: *„Ich bin eher so, ja ich bin anscheinend, dass ich bin n Liebling von meinem Sohn, weil ich nich' so viele Grenzen setze. Ich versuche es, aber es klappt nich' immer."* (0,5 Punkte)
- Sie hat Schwierigkeiten, allein mit Leon einzukaufen: *„Einkaufen is, wenn der Kleine, der hört ja schon gar nich, also ich benutz ja kein Kinderwagen für ihn, sondern er läuft ja überall rum und dann rennt*

er immer so überall rum oder versucht dann immer, irgendwas mitzunehmen oder." (0,5 Punkte)

- Leon hat einen Dickkopf: *„Ja Leon hat da schon sein eigenen Dickkopf. Kommt halt nach mir (lacht) im Moment"* (0,5 Punkte)
- Auch in der Zukunft sieht sie Schwierigkeiten in ihre Beziehung zu Leon: *„Sehr schwierich. Ähm nein ich hoffe, es wird nich' so schwierich. Aber ich denk ma is auf jeden Fall 'n Frechdachs. Also ich glaub, der wird das letzte Wort im Mund ham (lacht). Ich glaub wir werden da später schon ganz schon oft an die Fronten kommen. Ich hoff es nich, aber ich denke."* (0,5 Punkte)

Maximal 2,5 Punkte

B) Der Vater von Leon ist, obwohl er sie unterstützt, eine Belastung für sie (für die Nennung gibt es 1,5 Punkte)
Für die Konkretisierungen kann jeweils ein halber Punkt erzielt werden (maximal zwei Belegstellen: insgesamt 1 Punkt). Folgende Belegstellen können benannt werden:

- Frau König und der Vater von Leon streiten sich (wahrscheinlich oft): *„Nee also wenn's um die Erziehung von dem Kleinen geht, komm wir da schnell in 'nen Konflikt rein."* Der Vater hilft ihr im Alltag: *„Außer wenn ich, wenn uns grad danach is, dass wir uns die ganze Zeit zoffen, dann zoffen wir uns auch die ganze Zeit. Also er hilft schon wo er kann."* (0,5 Punkte)
- Sie haben unterschiedliche Erziehungsvorstellungen und können sich nicht einigen: *„Ähm er is derjenige, der versucht dann bei Leon den Ton anzugeben. Und bei vielen immer gleich anfängt zu meckern und ihm immer sagt, nein das darf er nich' und so, und dann misch ich mich aber wieder ein, weil ich find nich' alles so schlimm, er kann einiges ja machen. Und ähm so viel rummeckern, muss ich, muss man jetz' nich' mit ihm. Nee also wenn's um die Erziehung von dem Kleinen geht, komm wir da schnell in 'nen Konflikt rein ... Wir schrein, also wir ähm wir diskutiern, wir schrein uns manchma.*

Dann eskalierts vielleicht ma im Streit oder so. Und ja und irgendwann schalten wir dann beide ab jeder macht seins. Und dann is gut." (0,5 Punkte)

- Es belastet sie, dass der Vater Schwierigkeiten hat, sich mit seinem Sohn zu beschäftigen, und wünscht sich: *„Dass er vielleicht, dass die beiden sich vielleicht mal beschäftigen miteinander. Also is 'n bisschen schwer, dass, wenn er den Kleinen mal hat oder so, er weiß immer nie, was er mit den Kleinen anstellen soll, also, was er mit ihm halt allein machen soll."* (0,5 Punkte)
- Der Vater von Leon wohnt teilweise in der Wohnung von Frau König, aber eigentlich möchte sie das nicht: *„Na er is ja ganz oft bei uns eigentlich, kann man's ja schon sehen, dass er da drinne wohnt. Also mittlerweile woll'n wir's runterschrauben, dass es nich' mehr so is."* Sie wünscht sich: *„... nich' mehr bei mir so oft auftauchen, also dass er sich vielleicht etwas zurückzieht, weil irgendwann will ich ja versuchen, dann auch ma mein Leben allein auf die Reihe zu kriegen, also ohne ihn, dass er nich' jeden Tag da is."* (0,5 Punkte)
- Die Beziehung zwischen ihm und seinem Sohn ist ebenfalls belastend für sie: *„... wenn der Papa immer kommt, dann kein Hallo, immer vorbeirennen. Und ähm ja ab und zu ma mit dem spielen aber nich' wirklich so ... Das war schon von Anfang an so. Auch als ähm die Phase war, wo der Kleine den Papa nich' so mochte, also wo er so Schwierichkeiten hatte mit ihm, da war's auch so. Sobald andere Freunde von mir gekommen sind oder so, der ... is mit denen gleich offen zugegangen ... hat mit den gespielt und die auch mit ihm und war total lustich drauf so"* (0,5 Punkte)

Maximal 2,5 Punkte

C) Eine Belastung ist für sie die fehlende Einbindung in Schule und Ausbildung (für die Nennung gibt es 1,5 Punkte)
Für Konkretisierungen kann jeweils ein halber Punkt erzielt werden (maximal zwei Belegstellen: 1 Punkt). Folgende Belegstellen können benannt werden:

- Sie hat die Schule abgebrochen und ärgert sich darüber: *„Ähm ja, ich war schon in der Zehnten und eigentlich liefs ganz gut, dann war ich schwanger und dann bin ich nicht mehr hingegangen, weil mir oft schlecht war, wegen der Schwangerschaft und dem ganzen Stress da, was wird aus mir und so. Ich ärgere mich jetzt noch darüber, dass ich abgegangen bin ohne Abschluss."* (0,5 Punkte)
- Am liebsten würde sie dort den Schulbesuch fortsetzen und den mittleren Abschluss (mit Berechtigung zum Besuch der gymnasialen Oberstufe) erzielen. Frau König vermisst die Schule: *„Ehrlich gesagt, ich vermisse die Schule."* (0,5 Punkte)
- Sie hat Angst, dass sie von den Mitschüler*innen abgelehnt wird: *„Aber ich hab 'nen bisschen Schiss, weil ich dann in meiner Klasse die Älteste bin und die anderen in meiner Klasse mich nicht mögen."* (0,5 Punkte)
- Zudem hat sie Angst, dass sie in manchen Fächern nicht mitkommt: *„... und ich brauche da viel Unterstützung in Deutsch und Englisch, das sind nicht gerade meine Lieblingsfächer."* (0,5 Punkte)

Maximal 2,5 Punkte

D. Ihre Familiengeschichte belastet sie, insbesondere der fehlende Kontakt zu ihrem eigenen Vater (für die Nennung gibt es 1,5 Punkte)

Für Konkretisierungen kann jeweils ein halber Punkt erzielt werden (maximal zwei Belegstellen: 1 Punkt).

Hier können mehrere biografische Ereignisse benannt werden, zum Beispiel Scheidung der Eltern, Konflikte mit der Mutter, Umzug zum Vater (der sich aber nicht gut um sie kümmert) (maximal 0,5 Punkte).

Es **sollte** im Text auftauchen, dass Frau König traurig ist, dass der Kontakt zum Vater abgebrochen ist (0,5 Punkte).

Maximal 2,5 Punkte

Ob die finanzielle Situation und die noch nicht vollständig eingerichtete Wohnung eine Belastung für Frau König darstellen, geht nicht direkt aus dem Interview hervor. Man könnte es aber vermuten. Dies müsste zumindest im Rückmeldegespräch nachgefragt werden. Im Hinblick zu den anderen Belastungen scheinen die ökonomische Lage und die Wohnsituation aber vermutlich nicht so schwerwiegend zu sein (bei Nennung „finanzielle Situation" oder „nicht vollständig eingerichtete Wohnung" gibt es jeweils 1 Punkt).

Aufgabe 2 (maximal 10 Punkte)
Für die folgenden Nennungen gibt es jeweils 2,5 Punkte, es können auch noch zusätzliche benannt werden, falls plausibel:

- Frau König möchte den Schulbesuch wieder aufnehmen und den Realschulabschluss erzielen. Für den Wiedereinstieg wünscht sie sich Unterstützung.
- Sie möchte, dass der Vater von Leon nicht mehr in der Wohnung übernachtet und seltener anwesend ist, *„weil irgendwann will ich ja versuchen, dann auch ma mein Leben allein auf die Reihe zu kriegen."* Sie möchte klare Regeln, was den Besuch des Vaters betrifft und wann bzw. wie oft Leon bei ihm sein darf.
- Sie braucht Hilfe im Umgang mit Leon, beispielsweise, um mit ihm spielen zu können und um ihm Grenzen zu setzen. Sie möchte lernen, sich besser mit Leon zu beschäftigen.
- Die Wohnung soll fertig möbliert, renoviert und eingerichtet sein.
- Für die Zukunft wünscht sie sich eine geräumigere Wohnung mit einem größeren Kinderzimmer und einer Kletterwand für Leon.
- Der Kontakt zu ihrem Vater soll wieder hergestellt werden.

Aufgabe 3 (maximal 10 Punkte)
Für die Benennung einer Ressource gibt es 0,5 Punkte, für die richtige Zuordnung insgesamt 0,5 Punkte (aktuell genutzt/zurzeit nicht genutzt, aber mobilisierbar/teilweise genutzt, aber weiter ausbaubar: 0,25 Punkte; Art der Ressource: 0,25 Punkte).

Beispiel: Mutter (0,5), familiale Ressource (0,25), aktuell genutzt (0,25).

Richtige Antworten:

Familiale Ressourcen

- Mutter von Frau König: aktuell genutzt
- Vater von Leon: aktuell genutzt
- Geschwister und Halbgeschwister von Frau König: nicht genutzt, aber mobilisierbar
- Vater von Frau König: nicht genutzt, aber mobilisierbar
- Cousin der Mutter (von Frau König), dessen Frau und Tochter: nicht genutzt, aber mobilisierbar

Soziale Ressourcen

- Lehrer und Lehrerin von der ehemaligen Schule: aktuell genutzt, kann weiter ausgebaut werden

Personale Ressourcen

- Schulmotivation, sie möchte den Realschulabschluss machen: aktuell genutzt, kann weiter ausgebaut werden
- Strukturierter Tagesablauf: aktuell genutzt
- Motivation, ihren erzieherischen Umgang mit Leon zu ändern: aktuell genutzt, kann weiter ausgebaut werden

Materielle Ressourcen

- Eigene Wohnung: aktuell genutzt, kann weiter ausgebaut werden

Sozialpädagogische, professionelle Helfer*innen

- Sozialpädagogin, die Frau König betreut: aktuell genutzt
- Mutter-Vater-Kind-Einrichtung: aktuell genutzt

Aufgabe 4 (maximal 10 Punkte)

Für jedes Konfliktthema gibt es 2,5 Punkte. Mögliche Konfliktthemen sind:

- Ein Konfliktbereich, der sich bei Frau König abzeichnet, betrifft die Mutter-Kind-Beziehung. Leon ist aus ihrer Sicht ein „Wirbelwind" und sehr aktiv. Es fällt ihr schwer, ihm im Alltag Grenzen zu setzen (z. B. beim Einkaufen). Körperliche Strafen und Anschreien des Kindes lehnt sie ab. Außerdem möchte sie sich intensiver mit ihm beschäftigen, zum Beispiel mit ihm konzentriert spielen. Dies alles fällt ihr schwer, deshalb wünscht sie sich Unterstützung. Das Konfliktthema könnte so lauten:
  „Leon ist ein Wirbelwind. Ich habe Schwierigkeiten, ihm Grenzen zu setzen und mit ihm intensiv zu spielen."
- Ein weiterer Konfliktbereich bezieht sich auf die Beziehung von Frau König zu dem Vater von Leon. Auf der einen Seite braucht sie dessen Unterstützung, auf der anderen Seite lebt er zum Teil in ihrer Wohnung. Sie streitet sich häufig mit ihm, insbesondere um die Erziehung. Sie wünscht sich mehr Abstand, räumliche Trennung und klare Umgangsregelungen zwischen Vater und Sohn. Dafür muss sie allerdings selbstständiger werden. Das Konfliktthema könnte so lauten:
  „Ich möchte, dass der Vater von Leon weniger bei uns ist und ich lerne, mein Leben eigenständig auf die Reihe zu kriegen. Das funktioniert aber noch nicht gut."
- Auch im Hinblick auf die weitere Ausbildung ergeben sich Konflikte. Frau König ärgert sich, dass sie die 10. Klasse abgebrochen hat. Sie möchte den Realschulabschluss absolvieren, sie hat aber Angst, aufgrund ihres Alters im Klassenverband diskriminiert und den Leistungserwartungen in Deutsch und Englisch nicht gerecht zu werden. Das Konfliktthema lautet in etwa so:
  *„Ich will den Realschulabschluss schaffen, habe aber Angst, von den Mitschüler*innen abgelehnt zu werden und in den Fächern Deutsch und Englisch zu versagen."*
- Frau König hat in ihrer Kindheit und Jugend viele Enttäuschungen erlebt. Die Erwartungen an Liebe und Zuwendung wurden weder von ihrem Vater noch von ihrer Mutter erfüllt. Sie ist deshalb zwi-

schen beiden hin- und hergezogen. Das Konfliktthema lautet etwa so:
„Ich bin von meiner Mutter und meinem Vater viel enttäuscht worden. Ich möchte mehr Kontakt zu meinem Vater. Ich weiß nicht, was ich von ihm erwarten kann und ob ich oder er den Kontakt aufnehmen soll."

- Ein weiterer Konfliktbereich, der allerdings nicht deutlich formuliert wird, ist die Wohnsituation. Die Wohnung ist zwar bezogen, aber noch nicht voll eingerichtet. Hinderlich ist, dass Frau König wahrscheinlich hohe Ansprüche im Hinblick auf das Mobiliar hat, das neu gekauft werden muss. Es besteht ein Konflikt zwischen ihren Ansprüchen (Mobiliar, Wohnungsgröße) und ihrer finanziellen Situation. Das Konfliktthema lautet etwa so:
  „Ich wünsche mir eine perfekt eingerichtete Wohnung, mir fehlt aber das Geld dazu."

Aufgabe 5 (maximal 10 Punkte)
Es gibt hier keine Standardlösungen. Die Ideen sollten sich allerdings auf die in der Aufgabe genannten vier Konflikthemen beziehen. Für jeden Vorschlag/jedes Angebot pro Konfliktthema gibt es 2,5 Punkte. Die Lösungen könnten so lauten:

- *„Leon ist ein Wirbelwind. Ich habe Schwierigkeiten, ihm Grenzen zu setzen und mit ihm intensiv zu spielen."*
  Die Fachkraft könnte Frau König vorschlagen, konkrete Alltagssituationen mit Leon in Form von Rollenspielen nachzuspielen, wobei sie sowohl die Rolle von Leon als auch ihre eigene übernimmt. Sie könnte sich so aus beiden Perspektiven erleben und alternative Interaktionen „erspüren" und ausprobieren.
- *„Ich möchte, dass der Vater von Leon weniger bei uns ist und ich lerne, mein Leben eigenständig auf die Reihe zu kriegen. Das funktioniert aber noch nicht gut."*
  Man könnte mit Frau König ein Zielplakat erarbeiten mit der Aufgabe, konkrete Alltagstätigkeiten zu benennen, bei denen sie selbst-

ständiger werden möchte. Anschließend könnte sie mit Unterstützung der Fachkraft einen Plan erarbeiten, wie sie diese Ziele umsetzen kann und welche Unterstützung sie von der Fachkraft benötigt.

- *„Ich bin von meiner Mutter und meinem Vater viel enttäuscht worden. Ich möchte mehr Kontakt zu meinem Vater. Ich weiß nicht, was ich von ihm erwarten kann und ob ich oder er den Kontakt aufnehmen soll.“*
  Die Fachkraft könnte Frau König anregen, mit ihrer Unterstützung einen Brief an ihren Vater zu schreiben, in dem sie ihre Wünsche und Gefühle zum Ausdruck bringen kann.
- *„Ich wünsche mir eine perfekt eingerichtete Wohnung, mir fehlt aber das Geld dazu.“*
  Die Fachkraft könnte Frau König dazu anregen, eine ideale Wohnung in Miniaturform zu basteln (mit Karton, Papier, Stiften, etc.). Anschließend kann sie einen oder zwei Gegenstände bzw. gestaltete Bereiche herausgreifen, die sie in den nächsten Wochen realisieren möchte. Für die restlichen Gegenstände oder Bereiche kann sie eine Rankingliste erstellen. Dabei steht die Frage im Vordergrund: Was ist das, was ich am meisten für wichtig halte?

Aufgabe 6 (maximal 10 Punkte)
Frau Dahl wählt sowohl für die Vergangenheitsszene als auch für eine der beiden Zukunftsszenen ein ähnliches, alltägliches Arrangement: die Vorbereitung des Familienessens in der Küche. Obwohl die räumliche Darstellung in Bezug auf Mobiliar (Einbauküche, Esstisch) fast identisch ist, ergeben sich folgende Kontraste (für jeden beschriebenen Kontrast gibt es 2 Punkte):

- Im Herkunftsbild steht eine weibliche Figur (Mutter) am Herd, im Zukunftsbild eine männliche Figur (Vater).
- Im Zukunftsbild hat der Vater eine Tätigkeit: er kocht, während er im Herkunftsbild gleichsam untätig und von der Familie abgewendet steht. Im Zukunftsbild nimmt er eine familienbezogene Rolle ein

(Koch), in dem Vergangenheitsbild spielt er keine auf den Familienalltag (hier Familienessen) bezogene Rolle.

- Während im Herkunftsbild die Mutter von den Kindern abgewendet am Herd steht und ihnen gleichsam den Rücken zeigt, wendet sich die Mutter im Zukunftsbild den Kindern zu und blickt sie an.
- In den Familienszenen wird ein Rollenwechsel dargestellt. Der Vater übernimmt im Zukunftsbild im Unterschied zum Herkunftsbild die Rolle der Mutter: er kocht.
- In dem Vergangenheitsbild interagieren nur die Kinder miteinander, es gibt keine Kommunikation zwischen Eltern und Kindern. Im Zukunftsbild gibt es Interaktion, zumindest zwischen einem Elternteil (Mutter) und Kindern.
- Auch hinsichtlich der Choreographie am Tisch gibt es deutliche Unterschiede. In der Vergangenheitsszene lassen die Kinder nur eine Tischseite frei (die vermutlich für die Mutter vorgesehen ist, die nach der Essenszubereitung dort Platz nehmen wird), im Zukunftsbild zwei (die eine wird von der Mutter besetzt, die andere ist vermutlich für den Vater vorgesehen).
- Im zweiten Wunschbild verlassen die beiden Eltern den Raum und gehen gemeinsam auf etwas zu. Sie treten gleichsam als Paar auf. Im Herkunftsbild stehen die beiden Elternteile weit voneinander entfernt, sie haben nichts Gemeinsames (vor). Während es in der Vergangenheit keine Interaktion zwischen den beiden Elternteilen gibt, ist dies in dem zweiten Zukunftsbild der Fall. Sie verbindet eine gemeinsame Aktion.
- Ein deutlicher Kontrast ergibt sich bezüglich des Verhältnisses von Eltern- und Kindersystem. In der zweiten Zukunftsszene gibt es durch die Anordnung der Personen (Eltern kehren den Kindern den Rücken zu und verlassen gemeinsam den Raum währen die Kinder sich zugewandt am Tisch stehen) eine deutliche Trennung von Paarsystem (Eltern) und Kindersystem.
- Im Unterschied zur Herkunftsszene ist die Zukunftsdarstellung räumlich und sozial deutlich offener strukturiert: eine andere, erwachsene Person tritt in die Küche, die Eltern verlassen den Raum.

Aufgabe 7 (maximal 10 Punkte)

Bei den ausgewählten Alltagsszenen handelt es sich um völlig unterschiedliche Genre: Küchenszenen (Zukunftsbilder) und nächtliche Schlafenszene (Gegenwart) (für jeden beschriebenen Kontrast gibt es 2 Punkte):

- In dem ersten Wunschbild sind die Eltern in komplementären Rollen zueinander positioniert: Der Vater kocht für die Familie und während er sich aufgrund der Tätigkeit von den Familienmitgliedern abwendet, begrüßt die Mutter die Kinder. Ganz anders verhält es sich bei der Gegenwartsdarstellung: Während sich die Mutter um den Schlaf des jüngsten Kindes „kümmert", liegt der Vater auf dem Boden in entgegengesetzter Richtung zum Kind neben ihm; er wendet sich keiner Person zu, sondern „starrt" nach oben (die Darstellung erinnert an eine Knockout-Szene im Boxkampf). Die beiden Erwachsenen verhalten sich in ihren Elternrollen im Vergleich zur ersten Wunschszene nicht komplementär.
- Im ersten Wunschbild wird der Vater in einer „starken" und sehr zentralen Familienfunktion dargestellt: er kocht am Familienherd. In der Gegenwartsdarstellung übernimmt der auf dem Boden liegende Vater eine schwache bzw. diffuse Familienrolle, ähnlich wie der Vater von Frau Dahl im Vergangenheitsbild.
- In dem zweiten Wunschbild stehen die Eltern dicht nebeneinander und verlassen den Raum. Sie treten als Paar, das gemeinsam ausgeht, in Erscheinung. In dem Gegenwartsbild fehlt dieses. Augenscheinlich wird dies insbesondere durch die Darstellung des Ehebetts, das im Allgemeinen als Symbol für die gemeinsame Partnerschaft und Paarintimität steht und gleichzeitig dem Paarsystem gegenüber dem Kindersystem einen separaten Raum gibt. Die Mutter, Frau Dahl, schläft im Ehebett und wendet sich einem Kleinkind zu, das dicht neben ihr in einem Kinderbett schläft. Auffällig ist, dass das zweite Ehebett neben ihr leer ist. Die Eltern sind räumlich getrennt: Zwischen Frau Dahl und ihrem Mann, der auf dem Boden liegt, befindet sich das Kinderbett. Das Säuglingsbett ist ebenfalls

leer. Die Mutter ist dem Kind zugewendet. Die Szene macht den Eindruck, als ob die besondere Sorge für das jüngste Kind, das nicht mehr im Säuglingsbett schlafen will, das Elternpaar vom gemeinsamen Schlaf im Ehebett trennt. Auffällig ist allerdings, dass das Kind nicht im Ehebett schläft und das zweite Ehebett leer ist. Aus der Perspektive von Frau Dahl, die die Szenen aufgebaut hat, könnte ihr Mann jederzeit zu ihr ins Ehebett schlüpfen. Allerdings, so scheint es, nimmt er dieses Angebot nicht an (aus der Kommentierung von Frau Dahl wissen wir, dass ihn das Babygeschrei stört). Nicht nur im Elternsystem sondern auch in der Partnerschaft nimmt er eine schwache Rolle ein.

- In beiden Wunschbildern interagieren die Kinder miteinander, sie stehen kreisförmig um den Tisch und blicken sich an. Die Szene deutet ein mehr oder weniger ausgeprägtes Kindersystem an. Dies ist in der Gegenwartsszene nicht der Fall, hier sind die Kinder räumlich getrennt.
- In dem zweiten Wunschbild tritt eine weitere Person auf, die am Tisch stehend mit den Kindern kommuniziert und dieselbe räumliche und soziale Position einnimmt wie die Mutter im ersten Wunschbild. Aus dem Kontext wird ersichtlich, dass diese Person sich um die Kinder kümmert, während die Eltern ausgehen. Im Gegenwartsbild fehlt eine Person, die diese Funktion einnimmt. Denkbar wäre eine nächtliche Szene ohne Eltern mit einer Person, die auf die Kinder aufpasst, während die Eltern einer Feier beiwohnen, ein Theater besuchen oder sich in einem Hotelzimmer lieben.

Aufgabe 8 (maximal 10 Punkte – jede beschriebene Differenzerfahrung zählt fünf Punkte)

- Eine Differenzerfahrung bezieht sich auf die **Arbeitsteilung** im Elternsystem: Frau Dahl wünscht sich ein anderes Familienmodell als das ihrer Kindheit. Ihre Mutter war nicht berufstätig und ausschließlich für Haushalt und Erziehung zuständig, ihr Vater hat sich hingegen kaum um die Kinder und den Haushalt gekümmert und war allein für das Einkommen zuständig. Demgegenüber möchte Frau Dahl, dass sie selbst wieder voll erwerbstätig ist und ihr Mann mehr Aufgaben im Haushalt übernimmt. Dies ist aber gegenwärtig nicht der Fall.

- Eine weitere Differenzerfahrung ergibt sich aus ihrer Unzufriedenheit mit der **Paarbeziehung.** Sie möchte, das kommt in den beiden Wunschbildern zum Ausdruck, ein stärkere Gleichgewichtung von Partnerschaft und Elternfunktionen im Alltagsleben.
- Schließlich ergeben sich im Hinblick auf die **zeitliche Organisation des Familienalltags** Differenzerfahrungen: Als unbefriedigend erlebt sie die gegenwärtige familiale Zeitstruktur und zwar in vier Hinsichten. Sie möchte (1) mehr exklusive Zeit mit ihrem Mann verbringen, sie wünscht sich (2) gemeinsam erlebte Zeit aller Familienmitglieder (Familiensystem) sowie (3) Zeiten des gemeinsamen Spiels der Kinder (Kindersystem), während (4) die Zeit, die Eltern und Kinder in Institutionen verbringen, aus Frau Dahls Sicht sowieso schon sehr umfangreich ist.

Aufgabe 9 (maximal 10 Punkte – die Darstellung des Transformationspfades wird mit 4 Punkten, die Beschreibung der Behinderung mit 3 Punkten und die Benennung der Herausforderungen ebenfalls mit 3 Punkten bewertet)

- Frau Dahl ist mit einem konventionellen männlichen Alleinverdiener-Modell aufgewachsen: Der Vater ging arbeiten, die Mutter war Hausfrau und für Haushalt und Erziehung zuständig. Es bildet gleichsam einen negativen Kontrapunkt innerhalb ihrer Biografie, von dem sie sich absetzen möchte. Dies wird in dem Herkunftsbild, das sie aufstellt, und in der Kommentierung deutlich: Aus Sicht von Frau Dahl scheint dieses Modell nicht gut funktioniert zu haben: Die Kinder waren aufgrund der Abwesenheit des Vaters unzufrieden mit ihm und ihre Mutter frustriert, da sie für alles zuständig war. Auch waren die Mutter und scheinbar auch der Vater mit ihrer Ehe unzufrieden (die Mutter hatte im Haushalt die „Hosen an", der Vater hat sich von Erziehung und Haushalt abgewendet und sich stattdessen um seine Hühner gekümmert), was schließlich zur Scheidung geführt hat. Frau Dahl strebt demgegenüber (im Sinne einer familienbiografischen Transformation) ein Zweiverdiener-Modell an, das mit einer egalitären Arbeitsteilung zwischen beiden Elternteilen im Haushalt und in der Erziehung einhergeht.

- Diese Transformation wird zum einen durch das Verhalten ihres Mannes, der aus Sicht von Frau Dahl zu wenig Engagement und Eigeninitiative im Haushalt zeigt, als auch von ihr selbst behindert, wie sie selbst sagt („ich bin aber auch so eine, wenn das nicht so läuft wie ich mir das vorstelle, dann nehm ich das lieber selbst in die Hand.“) Sie stellt Ansprüche an die Haushaltstätigkeiten, die ihr Mann so nicht erfüllt. Sie bremst gleichsam ihren Mann im Haushalt aus.
- Frau Dahl steht nicht nur vor der Herausforderung, mit ihrem Mann eine egalitärere Arbeitsteilung auszuhandeln, sondern auch ihre Ansprüche im Hinblick auf die Ausführung der Haushaltstätigkeiten zurückzunehmen und zuzulassen, dass ihr Mann einen anderen „Haushalts-Arbeitsstil“ entfaltet als sie. Sie muss diesbezüglich lernen, ihrem Mann gegenüber Toleranz aufzubringen.

Aufgabe 10 (maximal 10 Punkte)
Für die Bearbeitung der Aufgabe gibt es keine Standardlösung, allerdings sollten die entwickelten Angebote und Vorschläge im Rahmen von Familienbildung realisierbar sein. Eine Lösung könnte so lauten:

Mit den Differenzerfahrungen, die Frau Dahl im Interview beschreibt, steht sie in der Eltern-Kindergruppe sicherlich nicht allein da. Es handelt sich um eine Thematik, die in Mittelstandsfamilien, die sich einem linksliberalen Milieu zuordnen lassen, typisch sind. Es ist davon auszugehen, dass die Mütter (in der Regel befinden sich weniger Väter in der Eltern-Kind-Gruppe) eine große Bereitschaft haben, sich über ihre Erfahrungen im Hinblick auf die häusliche Arbeitsteilung auszutauschen. Das Thema bietet sich für einen offenen Gesprächskreis an. Ziel der Moderation sollte es sein, den Mütter (und Vätern, falls anwesend)

Raum zu geben für ein offenes Gespräch. Sie werden dann erleben, dass andere ähnliche Erfahrungen oder aber auch ganz andere gemacht haben. Der Austausch sollte dazu führen, dass die Mütter (und Väter) den Familienalltag aus einer Distanz heraus betrachten können. Die Moderation könnte auch Ausschnitte aus der europäischen Statistik „Wie verbringen Frauen und Männer in Europa ihre Zeit?" einbringen (Aliaga 2006).

Im zweiten Schritt könnte der Moderator oder die Moderatorin die Frage stellen: „Was kann ich produktiv tun, dass mein Partner mehr im Haushalt macht?" Frau Dahl beschreibt in dem Interview die wichtige Erkenntnis, dass sie aufgrund ihrer perfektionistischen Haltung Alltagstätigkeiten lieber selbst in die Hand nimmt, anstatt Toleranz gegenüber dem „Bewältigungsstil" ihres Mannes aufzubringen. Sie und vielleicht auch den anderen Müttern ist bewusst, dass sie mitverantwortlich sind für die ungleichgewichtete Arbeitsteilung. Dies sollte die Fachkraft ohne Wertung ihrerseits einfließen lassen, falls das von den Müttern nicht selbst zur Sprache gebracht wird. Frau Dahl geht es darum, Toleranz gegenüber der Art und Weise, wie ihr Mann bestimmte Alltagstätigkeiten bewerkstelligt, zu erlernen. Eine mehr oder weniger provokative Fragestellung könnte lauten: „Gibt es genderspezifischen Formen der Bewältigung von Alltagstätigkeiten?" Ein weiteres Gesprächsthema könnte lauten: „Gibt es Alltagstätigkeiten, die mein*e Partner*in mir nicht zutraut?"

Neben einem Gesprächskreis könnte die Fachkraft den Eltern den gemeinsamen Besuch des Theaterstücks „Caveman" von Rob Becker oder die Verfilmung mit gleichnamigem Titel (Regie von Laura Lackmann, mit Moritz Bleibtreu und Jürgen Vogel in den Hauptrollen) vorschlagen. Der Film kann eventuell dazu beitragen, dass sich die Eltern selbst und ihre*n Partner*in aus humoristischer Distanz betrachten können.

Bewertungsskala

Punkte	Note
52–55,9	4,3
56–59,9	4,0
60–63,9	3,7
64–67,9	3,3
68–71,9	3,0
72–75,9	2,7
76–79,9	2,3
80–83,9	2,0
84–87,9	1,7
88–91,9	1,3
92,1–96	1,0
96,1–100	1,0